JN113195

はじめに

　商工総合研究所は、中小企業の組織活動や支援活動に対する助成事業として、毎年「中小企業活性化懸賞レポート」の募集・表彰を行っており、今年度で２７回目となります。

　中小企業活性化懸賞レポートは、中小企業組合をはじめＮＰＯ法人、中小企業支援機関などの連携・組織活動や支援活動に携わる皆様から、日頃の活動内容などをレポートにまとめご応募いただくものです。

　記載された活動内容は多岐にわたりますが、いずれのレポートからも活動に対するやりがいや熱い思いが伝わって参ります。特に、各賞に選定された作品には他の連携組織の参考になる活動が多数あることから、「中小企業活性化懸賞レポート受賞作品集」として毎年出版しております。

　本書から読み取れるのは、連携・組織活動は経営資源に限りのある中小企業にとって有力な経営戦略であると同時に、その多くは地域活性化にも役立つということです。また、活動の原動力となるのは現場のリーダーや担当者の熱意であり、伴走者としての支援機関が果たす役割も重要です。こうした思いが込められたレポートを、本書を通じて多くの皆様に紹介して参りたいと考えております。

　本書の刊行にあたっては、受賞者の皆様をはじめ多くの方々にご協力いただきました。心よりお礼申し上げます。本書が連携・組織活動および支援活動に携わる皆様のお役に立てれば幸いです。

2024年3月

一般財団法人 商工総合研究所

目　　次

特賞作品

本賞作品

審査委員長総評

森下　正
明治大学専任教授

　一般財団法人 商工総合研究所主催の2023年度「第27回 中小企業活性化懸賞レポート」は、全国の中小企業者と組合等連携組織の関係者、そして地域の中小企業支援機関や金融機関などの皆様から、組合等連携活動と中小企業支援に関する経験に基づくレポートを募集した。今年度の応募作品は、昨年度よりも増加し10編であった。審査委員一同、厳正な審査を行った結果、特賞1編、本賞6編を決定した。

　さて今年度の応募作品は質と量ともに非常に優れており、第1次審査を通過した7つのすべてが受賞作品となった。その内容も、中小企業と組合のデジタル化やカーボンニュートラルへの対応など、タイムリーな課題への取組を紹介する作品が目立った。また中小企業政策を展開するにあたって、今日、強く叫ばれている「伴走型支援」についても、様々な切り口があることが紹介されていた。さらに、中小企業と組合を担う、あるいは支援する人材の若返りを実感できる30歳代、40歳代の方々からの応募も多く、将来への期待も膨らんだ。と同時に、中小企業支援機関の若手指導員や組合の若手事務局員などに対する研修の場にて、本レポートが活用されることも大いに期待できる内容であった。

　さて本年度の受賞作品のうち、特賞として『佐賀の異業種11社が連携して挑むカーボンニュートラル－地球・社会・人にやさしいものづくりの持続可能性を高める－』（山口真知氏）が、審査委員による満場一致で決定した。山口レポートは、海外販路開拓を目的に設立された異業種組合が、地場産業を支えてきた組合員の事業の存立基盤を見つめ直し、そこからエシカル、カーボンニュートラルといったキーワードを導き出し、新たな組合の根幹を担う組合事業を創造し、展開してきた一連の活動が詳述されてい

る。しかも、自らの意思で組合運営に飛び込んだ若手事務局長の熱き思いや組合員との関わりなども記述されている。今後の組合運営に役立つ内容であり、かつ組合関係者や支援機関の方々、さらには多くの読者が共感できる内容と判断され、特賞となった。

　一方、本賞は『閉鎖したスキー場の再生のために地域のガイドが連携して協同組合を設立－地域で連携して事業を行う際に大切なこと－』（上野健太氏）、『中小企業の自己変革に向けたプロジェクト伴走型支援－プロジェクトに並走してプロセスをファシリテートした事例－』（青木博之氏）、『届け、沖縄の底力！－地域とともに課題に立ち向かった3年を振り返って－』（城間康平氏ほか）、『事業協同組合へのデジタル化支援と支援機関の役割－防火施工管理ラベル・防炎ラベルの申請発給業務のデジタル化支援事例－』（渡邉信氏ほか）、『奈良県三輪素麺産地の挑戦－産地のあるべき姿の実現に向けた取り組み－』（栃本英範氏）、『まちを一つにする食の一大プロジェクト－プリンのまち三原を全国に　広島みはらプリンでまちおこし－』（星野佑介氏）が受賞した。

　まず上野レポートは、地域の有志により組織化した組合が、放置された地域資源の再生を組合事業として取組むことで、自治体からの業務委託や支援機関からの支援を得ながら、一歩ずつ地域再生を果たしてきた行程が詳述されている。地域資源の再生を希求する人たちに参考になるレポートであった。

　青木レポートは、支援対象者の自己変革につなげるプロジェクトを活用した伴走型支援の考え方と手法について、定性的な実態の検証がなされている。会議所、商工会、中央会等の経営指導員にとって参考となる内容であった。

　城間レポートは、地域の特産品を軸に、地域の支援機関との役割分担をしながら地域産業の活性化に資する販路開拓を成功させた事例研究で、現場での経験から導き出された考え方と方法論を提供するレポートであった。

　渡邉レポートは、安全規制の規格認証ラベル発行時における組合と組合員の利便性向上を実現したDX化支援について、支援者側の技術的・専門的なITの知見の必要性を訴え、かつ支援対象者とベンダー間での橋渡しでの

苦労の体験が十分に伝えられた内容であった。

　栃本レポートは、製造業の産地組合と卸売業の協議会との連携支援による産地活性化について、単純に成功に導いたとする結論ではなく、組合と協議会との立場の違いによる見解の相違を、当事者同士が議論を重ねて一本化していく行程を明らかにした内容は、現場支援の実態を理解する上で参考となる。

　最後に星野レポートは、官民連携による地域の特産品を活用したプロジェクトの考案者であり、かつ地元企業を巻き込む運営責任者としての活動を通じ、地元や他地域の企業との協力を得る行程が手に取るようにわかるレポートであった。

　以上7名の受賞者の皆様に対し、心よりお祝い申し上げ、今後のご活躍をご祈念申し上げたい。

　さて2023年度は長く続いた新型コロナウイルス感染症による活動規制から解放され、平常化へ向けた取組に専念する必要性にコロナ対策の後始末などが加わり、中小企業と組合の支援の現場は例年以上に激務であったに違い無い。しかし、現場で展開された中小企業の連携・組織活動や支援活動に関する今回の受賞作品を拝読すると、現状に留まることなく、新たな道を切り拓こうとする多種多様な取組が実践されていることがわかる。したがって、次年度も「中小企業活性化懸賞レポート」に対し、組合等連携活動と中小企業支援に携わる皆様から、現場での体験談をレポートの形でおまとめいただき、中小企業と組合、あるいは支援関係者に参考となる多くの知見をご紹介いただけることを願ってやまない。

特賞作品

佐賀の異業種11社が連携して挑む
カーボンニュートラル
―地球・社会・人にやさしいものづくりの持続可能性を高める―

山口　真知

SAGA COLLECTIVE協同組合
事務局長

要　旨

　本レポートは、佐賀県の異業種11社が連携してカーボンニュートラルに取り組んだ2年間の活動記録です。

　SAGA COLLECTIVE（サガコレクティブ）は、「諸富家具、有田焼、肥前名尾和紙、鍋島緞通、うれしの茶、神埼そうめん、佐賀海苔、佐賀酒、柚子こしょう・粕漬け、醤油・味噌」といった地場産業の中核を担う企業が集まった、全国的にも珍しい協同組合です。

　地球・社会・人にやさしい「エシカル」を合言葉に、佐賀の文化と伝統を次世代に繋ぐ活動をしています。2021年度より異業種11社共通の重要課題である気候変動に対し、地球にやさしい活動として、CO_2排出量の把握・削減・相殺に一丸となって取り組んでいます。

　前半では、組合の設立経緯や「エシカル」を合言葉とした理由についてまとめました。後半では、カーボンニュートラルの取り組みや、2022年度にCO_2排出量を前年度比約15％削減した要因や苦労についてまとめています。2030年に向けた目標や本取組の持続可能性を高める工夫についてもレポートします。

≫ 01 | SAGA COLLECTIVE協同組合について

異業種組合設立の経緯

　SAGA COLLECTIVE協同組合は10業種11社から構成されています。諸富家具、有田焼、肥前名尾和紙、鍋島緞通、うれしの茶、神埼そうめん、佐賀海苔、佐賀酒、柚子こしょう・粕漬け、醤油・味噌といった地場産業の中核を担う企業です。佐賀の魅力と確かな品質を持った各メーカーの商品は世界中のプロフェッショナルたちから支持されています。

　2017年、諸富家具、有田焼、佐賀酒、佐賀海苔などの佐賀県内で海外輸出に取り組む事業者が、情報交換を目的とした異業種交流会で一堂に会したことをきっかけに、有志団体として活動を始めました。各社は国内外のホテルおよびレストランをターゲットとしており、同業種であれば競合となりますが、異業種であれば相互に取引先を紹介し合い、販路開拓につながると考えました。

　2018年、佐賀県知事とともにシンガポールにて佐賀県プロモーションイベントを実施し、以降、異業種連携による海外販路開拓を目指しました。佐賀市南商工会の支援のもと、共同協業販路開拓支援補助金を活用し、ローカル異業種のブランディング、国際ホテル＆レストランショーへの出展、共同での商品開発などを行いました。またジェトロ佐賀の支援のもと米国百貨店バイヤーを招へいし、商談を実施し、同百貨店での店頭販売、クリスマスギフトカタログへの掲載などの実績を上げました。

　そして2021年、約5年間の活動を経て、異業種連携事業を財政面および体制面から持続可能なものとすべく、11社で出資して法人化し、当組合を設立しました。

図1　11社の組合員

| （諸富家具）
レグナテック | （醤油・味噌）
丸秀醤油 | （佐賀海苔）
三福海苔 | （うれしの茶）
小野原製茶問屋 | （ゆず製品）
川原食品 | （日本酒）
天山酒造 |

| （うれしの茶）
徳永製茶 | （和紙）
名尾手すき和紙 | （有田焼）
李荘窯業所 | （神埼そうめん）
井上製麺 | （鍋島緞通）
吉島伸一鍋島緞通 |

（筆者作成）

表1　組合員概要

企業名	業種	従業員数	受賞歴等
レグナテック 株式会社	諸富家具	45	エル・デコ インターナショナル デザイン アワード 2023 ベッド・寝具部門 グランプリ受賞
三福海苔 株式会社	佐賀海苔	4	2015年　JAL国際線ビジネスクラス機内食 採用 2012年　2013料理王国100選に選出
有限会社 李荘窯業所	有田焼	18	BVLGARI、PIERRE HERMÉ PARIS、資生堂等、多数の国内外の ホテル・レストランとのコラボレーション 2022年度　全日本・食学会 bean47 Award
有限会社 井上製麺	神埼 そうめん	5	2017年　JAL国内線ファーストクラス機内食に採用 1999年　ANA機内食に採用 1987年　全国植樹祭 昭和天皇 御夕餐に使用
株式会社 小野原製茶問屋	うれしの 茶	5	2021年　日本茶AWARD 蒸し製玉緑茶部門 審査員奨励賞 2019年　日本茶AWARD 蒸し製玉緑茶（露地以外） プラチナ賞受賞 　　　　日本茶AWARD 釜炒り茶 プラチナ賞受賞
川原食品 株式会社	ゆず製品	6	2023年　ジャパン・フード・セレクション 金賞 2022年　ベストお取り寄せ大賞 だし・調味料部門 1位 　　　　国際線ファーストクラスの機内食 採用
天山酒造 株式会社	日本酒	16	2023年　IWC純米大吟醸部門 金賞受賞「七田 純米大吟醸 parfait」 2017年　Kura Master最優秀賞受賞（他各部門賞を7年連続受賞）
名尾手すき和紙 株式会社	和紙	3	BVLGARI「BVLGARI IL CIOCCOLATO」パッケージ 日光東照宮 輪蔵 文化財修復、多数ブランドとのコラボレーション
株式会社 徳永製茶	うれしの 茶	5	2022年　日本茶AWARD蒸し製玉緑茶部門 ファインプロダクト賞 　　　　日本茶AWARDフレーバーティー部門 審査員奨励賞
吉島伸一鍋島緞通 株式会社	鍋島緞通	3	3代目吉島伸一 ポーラ賞受賞 4代目吉島ひろ子 伝統的工芸品公募展特別賞受賞 西部工芸展入選
丸秀醤油 株式会社	醤油・ 味噌	10	2017年　国立水産研究所との共同研究 　　　　世界初の海藻を発酵させた調味料「海の醤」を発売 2011年　科学技術分野の文部科学大臣表彰 創意工夫功労者賞 受賞

（筆者作成）

表2　SAGA COLLECTIVE協同組合の概要

名称	SAGA COLLECTIVE協同組合
事業内容	共同での調達・製造・販売・催事・環境保全・事業承継 エシカルに関連するコンサルティング
組合員	11社、10業種（諸富家具、醤油・味噌、佐賀海苔、うれしの茶、 ゆずこしょう、日本酒、和紙、有田焼、神埼そうめん、鍋島緞通）
事務所	〒840-2106　佐賀県佐賀市諸富町山領266-1
TEL	0952-47-6112
E-mail	info@saga-collective.com
理事長	樺島　雄大（レグナテック株式会社）

（筆者作成）

理事長と事務局長

　協同組合の代表である理事長（樺島雄大、レグナテック　代表取締役社長）は、27歳で家業である家具メーカー「レグナテック」を事業承継しました。設計から製造まで一貫した生産体制を構築し、CLASSE、ARIAKEなど国内外で多くのファンをもつ家具ブランドを次々と輩出しています。近年は海外事業に熱心に取り組み、およそ20カ国・地域に輸出しています。地元佐賀の認知度および魅力度向上を切に願い、オール佐賀でこれに取り組む異業種連携の必要性とグループの結成を10年以上にわたり声を上げ続け、当組合を立ち上げました。企業や業界の枠を超え、地元経済界の要職に就き、佐賀のさらなる発展に身を尽くしています。

　事務局長（山口真知、中小企業診断士）は東京出身です。独立行政法人日本貿易振興機構（ジェトロ）に入構し、東京、佐賀、チェンナイ（インド）で勤務してきました。佐賀勤務時に県産品の輸出拡大業務に従事し、後のSAGA COLLECTIVEメンバーと出会いました。その後、インドに異動となりますが、新型コロナの感染拡大に伴う緊急帰国のタイミングで独立と移住を決断しました。時を同じくしてSAGA COLLECTIVEが協同組合としての法人化を進めていることを知り、自ら志願して事務局長に就任しました。中小企業診断士の資格をもち、補助事業等により活動予算を自ら確保し、商工会などの支援機関や、元百貨店バイヤーなどの専門家、慶應義塾大学などの研究機関といった産官学連携の要となり、提供されるノウハウを当組合および組合員に実装しています。

図2　推進体制

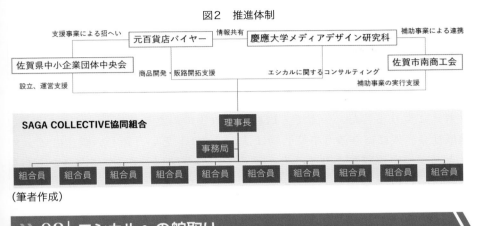

（筆者作成）

>> 02| エシカルへの舵取り

販路開拓以前にやるべきこと

　当初の組合の活動目的は海外販路開拓でした。しかし2020年以降、新型コロナウイルスの感染拡大をきっかけに、国内外での販路開拓活動が困難となりました。これにより、それまで外に目を向けていた各社の経営者は、それぞれの事業活動を内省する機会を得ます。

　同時期に、業種も規模も異なる11社がともに活動するメリットのすり合わせを行うため、理事長と事務局長が組合員と個別に対話を重ねました。そこで、各社の胸中を知り、「海外販路開拓」の一本槍で異業種組合の活動を継続していくことは困難だと気づきました。

　11社の置かれている状況はさまざまで、当然、事業活動の優先度はそれぞれ異なり、移ろっていきます。新型コロナ禍前には海外販路開拓の優先度が高い点が、ある程度一致していました。しかし、新型コロナ禍を経て、次の世代にどうつなぐか、「企業や産業の根本に目を向け事業活動の持続可能性を高めること」の優先度が高まっていることを各社の経営者と対話をするなかで感じとりました。

　そこで事務局長から「①米国でのマーケティングおよび販路開拓」「②地域グループとしてのブランディングの深化」「③大学とのエシカル・ブランディングの挑戦」の3つの方針案を提示し、組合員同士の議論を促しました。①は米国マーケティング会社、②は国内大手広告代理店、③は地域活性化やエシ

カル対応の研究やプロジェクトを行う大学に、それぞれ企画の提案を依頼しました。

　3つの提案を受け、11社は議論を重ねました。当初は①と③で意見が分かれましたが、「海外販路開拓が重要であることに変わりはないが、SAGA COLLECTIVEとして何を武器に世界に挑むのかがまだ定まっていない」という考えに至りました。一方で、11社がこれまで当たり前に行ってきた自然、地域社会、人に寄り添う事業活動は「エシカル」という新しい概念にピッタリとハマった感覚がありました。そこで、異業種11社が1つになったSAGA COLLECTIVEとしてのアイデンティティを「エシカル」を軸に確立し、次のステップとして海外販路開拓に歩を進めようとの考えで、全11社の意見は収束しました。

異業種11社が集まる理由

　大学（慶應義塾大学メディアデザイン研究科）とともにエシカル・ブランディングに取り組むこととなった私たちは、さっそく壁にぶつかりました。エシカル・ブランディングを手がけるデザイナーとの初回の打合せで、こう問われました。

　「皆さんが集まって活動する理由は何ですか？（使命）」
　「どんな未来を実現したいですか？（ビジョン）」

　あらためて自分たちの存在意義を見直すことからのスタートでした。しかし、いざ話し合いを始めても、先が見えない状況や経営者同士の遠慮もあってか、なかなか議論が進みません。そこで事務局は今一度各社と個別に面談を実施し、胸の内を聞くことにしました。

　そこで、ある組合員から「もっとお互いのことを知ろう」という声があり、毎月の理事会を11社持ち回りで開催することにしました。毎月各社を訪問し合い、経営者だけでなく後継者たちも一緒になって、各産地や企業の歴史、こだわり、戦略などを学び合い、お互いの会社の中や頭の中を見せ合いました。

　すると次第に、「SAGA COLLECTIVEができることは何か？」「佐賀の文化と伝統を紡いでいくために自分たちができることは何か？」と議論を深めて

いくことができました。

図3　各社持ち回りで開催した理事会の様子

真の目的はなにか

　議論を重ねるなかで11社はあることに立ち返ります。それは「各社それぞれが、これまで当たり前のようにエシカル（倫理的）な取り組みをしてきた」ということでした。

　うれしの茶・有田焼は400年以上、鍋島緞通・名尾和紙・神埼そうめんは300年以上と、組合員の企業や産業には100年以上の歴史があります。いずれの産業も自然環境と密接に関わっており、先人たちが時代の移り変わりにあわせて自然に寄り添いながら紡いできたことで、100年を超えて事業が継承されてきました。

　柚子こしょうを製造する川原食品では、半世紀もの時間をかけて自社農園で実生の柚子を自然栽培してきました。諸富家具を手掛けるレグナテックでは、間伐材で家具を製造したり、製造時に発生する木材を粉砕して牛の寝床として地元の農場に提供したり、廃材でコースターなどの小物を作ったりと、天然資材を無駄なく使う取り組みをしてきました。名尾手すき和紙では、先

祖代々、原料となる梶の木を自家栽培し、さらに製造過程で発生する仕損品は再利用して漉きなおすため、廃棄物が出ません。佐賀海苔もうれしの茶も原材料を余すことなく加工し、販売しています。各社は自然の恵みを大事に使い切る工夫を凝らしてきました。

当代の経営者たちは伝統を守りつつ、革新を断行し、現代社会においても事業として成立させてきました。そして各社には30歳前後の後継予定者が控えています。

そこで「次の100年の持続可能性を高めること。まずは目の前の事業承継を円滑に進めること」が私たちの目的であり、販路開拓はその一つの手段であると、目的と手段を再整理しました。

図4　名尾和紙の原料となる梶の木・自然農法で実生の柚子を栽培する川原食品の農園

組合の使命

こうして私たちは次の使命とビジョンを掲げました。

使命
地域の力（自然、伝統、技術、コミュニティ）を次に繋げる
安心して継承する舞台を整える

ビジョン
地域の環境を守り、未来の産業を守る

私たちは「エシカル（人にやさしい、社会にやさしい、地球にやさしい）」を心構えとして、先人たちが時代の移り変わりにあわせて「調達・製造・販売」といった事業を循環させてきたように、自分たちも事業を循環させていくことを目指しています。

そして、異業種が連携することで生まれる循環も意識して活動しています。例えば日本酒をつくる天山酒造では酒造りで大量に酒粕が発生しますが、その酒粕は粕漬をつくる川原食品の原料として活用されています。ある会社で廃棄物となるものが、別の会社では原料として活用できるのです。

図5　循環型事業のイメージ

継承
保全
相殺
CO2
つくり手
自然
伝統
技術
調達
旅行
生活者
消費
廃棄
再利用
原料
ロス
製造
販売
流通
販売
もの
商品
廃棄
CO2
自然
伝統
技術
つくり手
原料
廃棄
生活者
もの
商品
流通

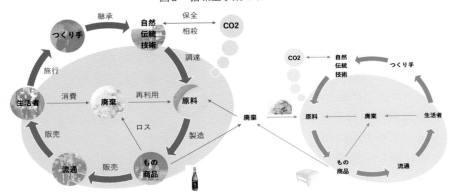

（筆者作成）

03｜カーボンニュートラルの取り組み

ここからは当組合の事業内容についてお話します。当組合ではCO_2排出量の「把握・削減・相殺」の3ステップでカーボンニュートラルに取り組み、それを「活用」してエシカル商品や体験サービスの販売をしています。

図6　カーボンニュートラルの取り組み

把握する
CO2排出量を算定
(Scope1、2)
削減する
CO2削減努力を行う
する
削減しきれないCO2を地域の
削減・吸収の取組みを支援する
ことで相殺する
SAGA
COLLECTIVE
削減
省エネ、燃料転換、
再エネ導入、低炭素製品供給、
廃棄物の資源化…
CO2
CO2
佐賀県
相殺
佐賀県で削減・吸収された
CO2と相殺
クレジット
佐賀県有林間伐促進
プロジェクト

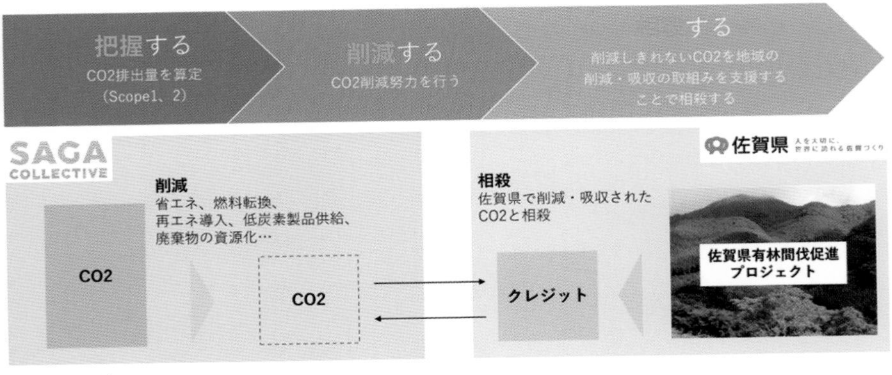

（筆者作成）

カーボンニュートラルに挑戦する理由

　2019年、佐賀で記録的な豪雨が発生し、天山酒造の酒蔵が浸水しました。2021年8月の大雨では土砂災害が発生し、名尾手すき和紙が被災。旧工房での紙すきが継続不可となり、新工房への移転を余儀なくされました。佐賀海苔は、2022年シーズンに記録的な不漁となり、19年続いた生産量および販売額日本一の座を明け渡しました。

　このように気候変動の影響は遠い未来の誰かに襲いかかるものではなく、いま私たちを襲っています。次世代への継承に黄色信号が灯っていることへの危機感から、私たちは11社の共通課題として、地球にやさしい「カーボンニュートラル」に取り組んでいます。

　気候変動への対策は世界共通の重要課題で、日本でも2050年のカーボンニュートラル実現に向けた動きが活性化しています。地域企業が単独で取り組むには難しい課題ですが、地域企業が連携して、このテーマに率先して取り組むことに意味があると考えています。

カーボンニュートラルへのステップ１ 「把握」

　まず11社それぞれのCO_2排出量を把握することからはじめました。当組合では各社のガス、重油、ガソリン、電気などのエネルギー使用量を、エネルギー事業者からの請求書をベースに把握しています。これに環境省が公開する排出係数を用いてCO_2排出量を算出しています。

　対象はScope1,2といわれる自社が排出している分で、サプライチェーンの上流や下流での排出量（Scope3）は現時点では対象外としています。これは経済産業省のGXリーグにおいて参画企業に求められている対応に準じています（2023年10月時点）。

図7　CO₂排出量算出の考え方

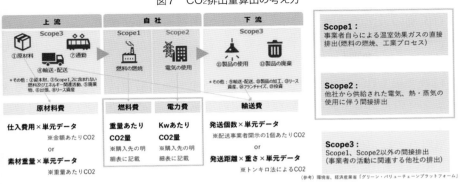

(出典)環境省、経済産業省「グリーン・バリューチェーンプラットフォーム」

　算出において苦労したのは、11社分のガス、重油、ガソリン、電気などエネルギー使用量の証憑書類を過不足なく揃えることでした。CO₂排出量を理論値ではなく可能な限り実態に即した数値で把握するため、金額ではなく使用量からCO₂排出量を算出しました。

　請求書や領収書を1枚1枚照合して集計していくのですが、これがなかなか根気のいる作業でした。11社分の数値を事務局がダブルチェックし、証憑書類の抜け漏れやエクセルへの転記ミスがあった場合には再収集・再集計を依頼するなど、正確なCO₂排出量を算出するには想像以上に時間を要しました。

カーボンニュートラルへのステップ２ 「削減」

　CO₂排出量をエネルギー源毎に把握したことで、各社の削減すべきポイントが明らかとなりました。当組合では、日本政府の目標（NDC水準：2030年に2013年比46％削減）を上回る水準の目標を設定し、各社で削減活動を行っています。

　例えば諸富家具のレグナテックは、電気由来のCO₂排出が大半を占めており、照明をLED化することで電力消費量の削減に成功しました。また電力量モニタリングシステムを導入し、使用量が閾値を超えた場合はアラームが発生し、直ちに消費電力量が多い機械を停止するなど、節電を重点的に行っています。

　うれしの茶の徳永製茶は社用車をEV化したほか、再生可能エネルギー由来

の電力に切り替えるなどの削減努力を行なっています。

　日本酒の天山酒造は、重油由来のCO_2排出量が多く、重油ボイラーの運用改善や、より高効率な現行機種への入れ替えといった設備投資などを検討しています。

　11社で最もCO_2排出量が少なかった吉島伸一鍋島緞通は、冷房をつけるタイミングの見直しや、誰もいない部屋の電気をこまめに消すといった自分たちにできる節電をコツコツと積み上げました。

　当組合では定例会にて各社の取り組み事例を共有し、さらなる削減活動を促しています。

カーボンニュートラルへのステップ３「相殺」

　やむを得ず削減しきれなかったCO_2排出量は、他の場所で実現したCO_2排出削減量（クレジット）で相殺（カーボンオフセット）します。

　「把握・削減・相殺」の3ステップからなるカーボンニュートラルの取り組みですが、特に「カーボンオフセット」の考え方の理解には組合員一同が苦しみました。「自分たちが出したCO_2について、よそから排出権を買い取り、帳尻を合わせている。お金で解決しているだけ」という、負のイメージを払拭できなかったのです。

　そこでまずは、私たちの事業環境に直結する、「佐賀県県有林の間伐促進プロジェクト」によるJクレジットを選定しました。クレジットの選定にあたっては、必ずプロジェクト現場の視察を行っています。現場を確認し、自然環境の保全に取り組む方と意見交換をし、互いの取り組みに賛同してはじめてクレジットの売買契約を結びます。クレジットを創る人と使う私たち、相思相愛の関係を構築し、クレジットの地産地消を実現しています。お金を払うことで環境へ負担をかける言い訳にならないよう、カーボンオフセットの実施においては「地元の自然由来のクレジットであること」「創る人たちと使う私たちが相思相愛であること」この2つの信念を守ることにしました。

　それでも「カーボンオフセット」に対する負のイメージを払拭しきれていませんでしたが、「何もやらないよりはマシ」と自らに言い聞かせ、「把握、削減、相殺」を2022年10月にひと通りやり切りました。

図8　カーボンオフセット手続きの流れ

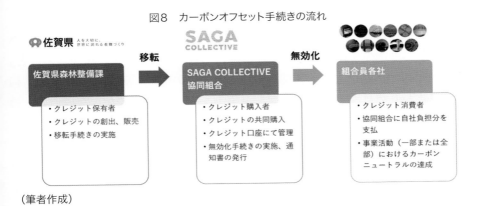

（筆者作成）

形ではなく真のカーボンニュートラルを目指して

　11社のうち6社が全社的にCO2排出量（Scope1,2）を相殺し、カーボンニュートラルを達成しました。その他の5社も当組合を通じて販売する商品に限定してカーボンオフセットを実施しています。

　しかし、私たちはカーボンニュートラルを達成した実感が湧きませんでした。

　そこで、事務局はSDGsの研究者である佐藤寛氏や、一般社団法人エシカル協会の大久保理事を招へいし、SDGsやエシカルについて体系的に学ぶ勉強会を開催しました。

　佐藤氏からは「SDGsを学び直す」というテーマで、特に中小企業にとって鍵となる「サプライチェーンマネジメント」について海外での事例を教わりました。組合員から佐藤氏に「カーボンオフセットに罪悪感がある」と率直な相談が投げかけられ、「カーボンオフセットは第一段階に過ぎないこと」「本質的には今使っている油や様々な加工工程のエネルギーをどうやったら持続可能にできるかトライアルすること」「すぐにできるかどうかは置いておいて、まずはそこに問題を感じていることや、取り組む姿勢を表明することがエシカルであること」などを説いていただきました。

　大久保氏からは、「企業は環境だけでなく人権面にもエシカルな対応が求められること」や、「エシカル消費の現状の動向や事業者の役割」などを教えていただき、地球にやさしいカーボンニュートラルで頭がいっぱいだった私たちに、社会、人にやさしい取り組みについて再び考えるきっかけを与えてい

ただきました。

　こうして私たちは少しずつSDGsやエシカルに関する学びを深めながら、「クレジットの調達先を地元の自然保護に寄与するプロジェクトに限定すること」や「積極的にプロジェクトに関わりCO₂吸収量の増加に寄与すること」、「相殺して終わりではなく、引き続き削減努力を行わなければならないこと」の決意をあらたにしました。

カーボンニュートラルの取り組み実績と目標の公開

　CO₂排出量の削減努力を続け、2022年度は前年比で重油やガソリン等による直接排出（Scope1）を2.5%、電力による間接排出（Scope2）を22.4%、全体で約15%のCO₂を削減しました。前述の通り、照明のLED化や社用車のEV化、電力消費モニタリングシステムの導入等により各社がエネルギー使用量を削減した成果です。また、相殺までやり切ったことでCO₂排出量をコストに換算することができるようになり、各社の収益性向上の観点からもカーボンニュートラルの取り組みを後押しできる構造になっています。

　当組合は2023年4月に経済産業省のGXリーグに参画しました。これは2050年カーボンニュートラル実現と経済成長の両立を目指すGX（グリーントランスフォーメーション）に挑戦する公の場です。私たちはGXリーグで参画企業に求められる取組水準を上回るような、CO₂排出量削減の目標計画の策定・公表、目標へのコミット、サプライチェーン全体への働きかけ、市民社会との対話、グリーン市場の創出などに取り組んでいます。

　さらに、2023年9月に11社の排出量と2030年の削減目標をまとめたサステナビリティレポートを公開しました（https://saga-collective.com/wp-content/uploads/2023/09/sustainabilityreport2023.pdf）。地域の中小企業が異業種で連携してカーボンニュートラルに取り組み、その実績と計画を公開するのは全国初（※）です。

（※）2023年9月27日時点：協同組合として/佐賀県中小企業団体中央会調べ

≫04│エシカルな活動を継続するために

人まかせにせず自走する

　地球にやさしい「カーボンニュートラル」に取り組むにあたり、慶應義塾大学メディアデザイン研究科に半年以上、組合員に向けた勉強会を何度も実施していただきました。理解を深めた上で、「把握・削減・相殺」のプロセスを自ら遂行し、内製化することにより、継続的な取り組みが可能となりました。

　また、CO_2排出量を算出することで11社の排出量の可視化と、産業を超えた比較が可能となりました。その結果、組合内で最も排出量が多かった天山酒造の代表取締役社長である七田氏は「参画企業の中でCO_2排出量が最も多かったことに驚いたし、責任を感じた」と話し、「持続可能な酒造り」を自社のスローガンに掲げ、佐賀県が推進する「GXモデル企業創出事業」に応募し、取り組みを加速させています。

　また各社の取り組み内容は年6回開催される理事会や年4回実施される勉強会、事務局が毎月発行している広報誌等にて情報共有され、組合員同士が切磋琢磨してカーボンニュートラルに取り組んでいます。

図9　当組合の事務局が毎月発行している広報誌の例

（筆者作成）

23

活動の輪を広げる

　当組合内の取り組みだけでは、和紙工房の周辺環境や有明海の海苔の生育環境などを改善するには不十分です。組合外にも本取組を波及させることで、気候変動に歯止めをかけ、この地で脈々と受け継がれてきたものづくりを次世代により良い形で継承したいと考えています。

　そこで組合外の事業者に対しては「カーボンニュートラルのワンストップサービス」として、私たちで検証し実装したカーボンニュートラルのノウハウの提供を行っています。

図10　カーボンニュートラルのワンストップサービス

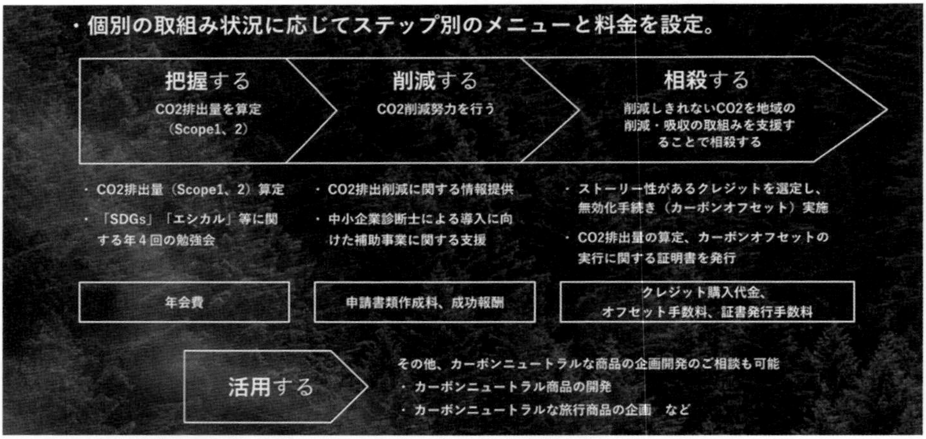

（筆者作成）

　例えば、2023年9月30日に開催したJリーグサガン鳥栖のホームゲーム「SAGANゼロカーボンチャレンジマッチ（マッチスポンサー：佐賀県）」では、観客の来場手段やゲーム終了後の廃棄物回収量からCO_2排出量を算出しました。事前調査では来場者の6割以上が乗用車で来場しており、移動によるCO_2排出のうち7割以上が乗用車由来であることが判明しました。公共交通機関の利用を促すことで乗用車の利用率が約10％下がり、CO_2排出量を削減する取り組みに協力しました。

　このように地域の企業や自治体とともにCO_2排出量を可視化し、これに関わる生活者の行動変容を促すことで、カーボンニュートラルの取り組みを普及させていく役割も担っています。私たちだけがカーボンニュートラルを達

成しても、気候変動を食い止めることができなければ意味がありません。私たちの取り組みを強化し続けるとともに、少しずつこの活動の輪を広げ、次の世代も、その次の世代も自然の恵みを享受できるよう、努力しています。

図11　サガン鳥栖「SAGANゼロカーボンチャレンジマッチ」での取り組み

エシカルな活動を売上につなげる

　エシカルな活動を継続するには、財源の確保が必要です。現状は補助金に頼らざるを得ない状況ですが、エシカルな活動を売上につなげ、財政面でも自走することを目指しています。

　組合の11社のうち6社がCO_2排出量（Scope1，2）をすべて相殺し、実質CO_2排出量ゼロのカーボンニュートラルを達成しています。その他の企業においても、当組合を通じて販売する商品はすべてカーボンオフセットしています。つまり、SAGA COLLECTIVEで販売される商品はすべてカーボンオフセット済み（実質CO_2排出量ゼロ）です。

　当組合ではカーボンニュートラルな商品を共同開発し、組合のECサイトやふるさと納税などにて販売しています。また大手企業のノベルティやイベントの記念品への採用といった実績を積み上げ、エシカル消費市場を少しずつ開拓しています。

図12　サガン鳥栖「SAGANゼロカーボンチャレンジマッチ」特別賞に採用

　異業種のグループの特徴を活かした「体験」サービスにも注力しています。当組合では、世界に誇る「食・伝統・技術」を五感で体験でき、カーボンニュートラルなものづくりについても学べるワークショップを開催しています。実際に2023年7月に東京白金台のイベント施設にて体験型ポップアップイベントを開催し、「うれしの茶の味と香りの体験」「手作り味噌の体験」「有田焼を使った生け花体験」などを実施しました。同イベント施設のイートイン注文数と売上で歴代1位を記録しました。

　また国内外のバイヤー、シェフ、飲食小売関係者、事業者、SDGs研究者、教育機関などの視察の受入れを行っており、組合の認知拡大と取り組みの普及に努めています。駒澤大学とは地場産業の販路開拓を核とした地域活性化について研究している学生たちと共同研究を実施しており、佐賀での視察の受入れや、Z世代の視点を活かしたファクトリーツアーの企画、SNS発信用コンテンツの制作などで協力していただいています。また長崎県立大学の学生のインターンシップの受入れ先として、1週間で組合企業9社を巡る職場体験を実施しました。

　さらに旅行代理店を通じて、旅行時の移動や宿泊に伴い排出されたCO_2をカーボンオフセットしたカーボンニュートラルなファクトリーツアー商品の販売も行っています。

図13　体験や視察の様子

佐賀海苔食べ比べ体験

柚子胡椒と粕漬の試食体験

天然醸造の醤油蔵見学

手作り味噌ワークショップ

嬉野茶の味と香りの体験

酒蔵で仕込み＆試飲体験

和紙の手すき体験

有田焼ろくろ＆絵付体験

　このように地球にやさしい（例：実質CO_2排出量ゼロ）、社会にやさしい（例：地元原料の使用、伝統の継承）、人にやさしい（例：自然素材）、3拍子揃った「エシカル」な商品やサービスを販売し、財源を確保することで、本取組の持続可能性を高める工夫をしています。

05 | 2030年にむけた3つの目標

目標1　CO_2排出量（Scope1，2）を2030年に2013年比46％削減を全組合員が達成

　組合員11社のうち、6社が全社的にカーボンオフセットを実施しており、カーボンニュートラルをすでに達成しています。残りの5社においても2030年まで再生可能エネルギーの活用や、省エネ技術の活用等の削減努力を行い、目標を達成する見込みです。

図14　当組合全体の2021年および2022年の実績値、2030年の目標値

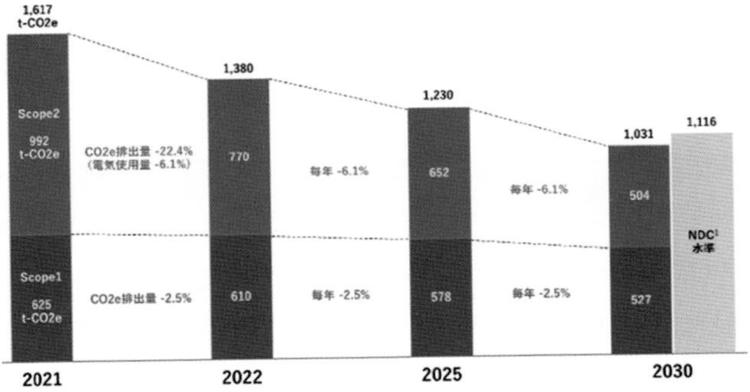

（筆者作成）

目標2　カーボンニュートラル商品の販売比率10%を全組合員が達成

　組合員11社のうち、6社が全社的にカーボンオフセットを実施しており、カーボンニュートラル商品の販売比率が100%となっています。残りの5社においては組合にて販売する商品に限定してカーボンオフセットを実施しており、当組合の商品売上が増加するほど、組合員のカーボンニュートラル商品の販売比率が増加する構造になっています。ポップアップイベントや企業向けノベルティにて販売実績を積み重ね、2030年までの目標達成を見込んでいます。

目標3　組合員の円滑な事業承継の実現

　レグナテック、名尾手すき和紙、三福海苔、吉島伸一鍋島緞通、井上製麺、李荘窯業所の6社には現経営者の子が入社しており、親族内承継を予定しています。組合事務局には中小企業診断士がおり、専門的な支援が可能であるうえ、丸秀醤油や徳永製茶の40代の経営者たちによる自身の経験に基づくサポートが可能です。後継予定者が入社している点、組合内で中小企業診断士や事業承継の経験者から直接支援を受けられる点から、手厚いサポートを受けることができ、組合員の円滑な事業承継を実現できる可能性を高めています。

図15　レグナテックと吉島伸一鍋島緞通の代表と後継者

≫06｜おわりに

　組合員の次世代の経営者や事務局長である私は2030年に40歳前後、2050年に60歳前後となり、いわゆる現役世代であると予想されます。当組合では、2030年に向けたCO_2排出量の削減と、その先の2048年カーボンニュートラル達成の目標を掲げています。

　気候変動は遠い未来の遠い誰かの問題ではなく、佐賀の豊かな自然の恵みにもたらされた事業を営む私たちにとっては、「いま、私たちの問題」であり、事業承継してからも向き合い続けなければならない問題です。産業や企業のバトンを数百年にわたってつなぎ続けた先代たちへの尊敬と感謝の念を忘れず、いま50代、60代の現経営者たちがカーボンニュートラルに向けた取り組みの礎を作ろうとしている姿に、次世代である私たちは当事者として応えていかなければなりません。

　協同組合として法人化して2年が経ち、本レポートのとおり「エシカル」、とりわけ地球にやさしい「カーボンニュートラル」に向けた取り組みを当組合活動の軸にすることで、異業種で連携することの意義を見出しました。設立当初は海外販路開拓を軸とする想定でしたが、各社との対話を重ね、新たな軸を全社の賛同を得て据えることができたのが、ここ2年間の一番の成果です。

　「エシカル」「カーボンニュートラル」の取り組みは始まったばかりです。これからもさまざまな壁に直面すると思いますが、11社と手を携え、ともに乗り越えていく。本レポートの執筆を通して決意を強めました。

本賞作品

閉鎖したスキー場の再生のために
地域のガイドが連携して協同組合を設立

—地域で連携して事業を行う際に大切なこと—

上野　健太

大黒森管理協同組合　理事

要　旨

　　大黒森管理協同組合（以下、当組合）は、2019年に地域のスキー・登山ガイド9名が出資し、設立した組合法人です。当組合が存する岩手県八幡平市は、冬季の観光業が基幹産業の1つとなっています。

　　八幡平市では、冬季の誘客事業として、スキーヤーにパウダースノーを楽しんでもらうことを目的に、閉鎖したスキー場の活用に取り組んできました。当初の計画は、外部のスキーメーカーや地域のリゾートホテルが主導して進めていましたが、順調には進みませんでした。その後、地域のガイド・行政の担当者が、議論を繰り返し、地域のガイドが協同組合を主体的に設立したことにより、事業内容・運営体制が整理され、事業が大きく前進し、持続的に事業を行うことが出来る様になりました。

　　本レポートでは、組合設立前の地域の状況、組合設立に至った経緯、組合設立後の事業の広がりについて報告し、地域で連携して事業を進める際に大切だったことについて考察させていただきます。

≫01 | はじめに

（1）　八幡平市の冬季の観光産業

　北緯40度に位置する岩手県・八幡平市は、市内に4つのスキー場を有し（2023年現在）、冬の観光業は基幹産業の１つになっています。また、奥羽山脈の東側に位置するため、非常に軽い雪（パウダースノー）が降ることでも知られており、1970年代頃から山スキー（現在はバックカントリースキーと言われる）が盛んに行われてきました。この様に八幡平はスキーヤーにとっては恵まれた地域となっています。

　しかし、日本国内のスキー・スノーボード人口は、最盛期だった1998年をピークに、年々減少し、現在ではピーク時の約3割程度にまで減少していると言われています（レジャー白書2017）。八幡平でもこの問題は深刻で、2007年に経営難を理由に、八幡平スキー場が営業を終了することになりました。

　2000年代後半から日本のパウダースノー（JAPOW：Japan Powder Snow）が世界的に注目されたことから、八幡平市でも外国人旅行者への集客に力を入れ始め、地域での受け入れ態勢の整備などが議論される様になってきました。

（2）　八幡平スキー場

　2007年に営業を終了した八幡平スキー場は、奥羽山脈・大黒森（標高1446ｍ）の北東斜面に広がるスキー場でした。日本海からもほどよく距離があり、高標高域（標高900ｍ〜 1446ｍ）であることから、営業当時はパウダースノーを楽しむ一部のコアなスキーヤー・スノーボーダーからは支持を得ていました。スキー場の営業終了後も再開を求める署名活動や他事業者が再開を検討することが幾度かあった様ですが、再開するには至らず、スキー場エリア内の管理も行われず、数年後にはリフトが撤去され、自然の状態に戻すことになりました。しかし、地域のガイドや愛好者は、自力でハイクアップし、このエリアでスキーを楽しむ人もいました。

(3) 当初の計画　－外部の企業がプロデュース－

　八幡平市では、2015年頃から、パウダースノーを楽しみたい外国人スキーヤー・スノーボーダーを誘致することを目的として、旧八幡平スキー場エリア内で、お客さんを雪上車で輸送し、ガイドがエリア内を案内するというスキーツアーを検討し始めました。この様なアクティビティは、付加価値が高く欧米では一般的なものであり、日本国内でも数か所で行われています（例えば、北海道・トマムスキー場、北海道・ニセコ、新潟県・光が原高原など）。当初は、外部のスキーメーカーが主導となり、地域のリゾートホテルや八幡平市が加わり、市としての計画の策定、予算措置等などが行われていきました。しかし、2017年に外部のスキーメーカーがこの事業から突然撤退することになり、その後は、地域の一部のガイドによる任意組織に事業が引き継がれるのですが、事業ノウハウがないため、事業が進まず、時間だけが過ぎていくこととなってしまいました。

≫02│組合設立に至る地域での議論

(1)　地域での議論　－このままではマズイという危機感－

　旧八幡平スキー場エリアは、多くの人にとって想い出深い場所であり、この場所が今後どの様になっていくのかは、地元のガイドや愛好者にとっても大きな問題でした。事業が進む中で、地域への説明もなかったため、この取り組みが本当の意味で地域の活性化に繋がるのかなど多くの疑問がありました。現在の当組合のガイドの多く（筆者も含めて）は、この事業に当初から参加していたわけではなく、どちらかと言うと事業に対してネガティブな感情をいだいていました。

　しかしながら、外部のスキーメーカーの撤退や事業が進まないことを目の当たりにする中で、地域のガイドの中でも「このままではまずいのではないか？」、「自分達が何とかしなければ、また外部の企業がきてしまうのではないか？」という危機感が生まれ、様々な場で議論がされる様になりました。この議論の中では、事業に賛成出来ないガイドも当然にいたため、言い合いになることも多々ありました。この様な議論を進める中で、自分たちが覚悟を決めてやらなければならないという感情が芽生えていったと思います。八

幡平市の担当者も打合せの場に参加し、行政の出来ること・出来ないことを話してくれました。この様な議論を行い、ガイドの考えを整理していく中で、様々な課題が明らかになっていきました。

（2）　浮かび上がった様々な課題　—1つ1つ解決していく—

①　山のキャパシティーの問題

　北海道・ニセコや長野県・白馬では、パウダースノーを滑れるエリアとして、多くの外国人が訪れ、インバウンドの成功事例として取り上げられています。当初、外部のスキーメーカーが八幡平市で描いた計画も同じような狙いだったと思います。しかし、八幡平はニセコや白馬と比較すると山は小さく、多くのスキーヤーを受け入れられないことは明白でした。多くの人が山に入れば様々な問題が発生してしまうリスクがあります。パウダースノーを求める人は、誰も滑っていない斜面を滑ることに価値を置いていますので、小さな山に多くの人が訪れれば、誰も滑っていない斜面を求めて、より危険な斜面・より遠くの斜面を求めていきます。その結果として事故も発生しやすくなり、救助はより難しくなります。そして、外国人が増えることにより、八幡平に来ても快適に滑れないのであれば、これまで八幡平に来てくれていた日本人のスキーヤーが来なくなってしまうリスクも発生します。外国人旅行者に来てもらうことはありがたいことですが、来てくれたお客さんが安全に楽しめ、かつ、地域の事業者にお金が落ちる受入環境を整えなければ、意味がありません。外部の業者を誘致し、結果として外国人の来訪者は増えるけれども、地域にお金が残らなければ本末転倒です。八幡平の山の状況を行政や地域の観光関係者へ理解してもらい、適度にお客さんを呼び、地域にお金を落としてもらう仕組みを作れるかどうかが大きな課題となりました。

②　雪上車を利用したガイドツアーの課題

　他地域で行われている雪上車を利用したスキーツアーの多くは、1社のガイドカンパニーが雪上車の運行・お客さんの予約管理・当日のガイドまでを引き受ける形で行われています。八幡平では、ガイドカンパニーが4社（個人事業も含む）あり、それぞれが独立して事業を行っているため、雪上車をどの様に共同で利用するかということも課題となりました。2018年シーズンか

ら、トライアルツアーを開始し、オペレーションの確認を始めました。雪上車の運行は任意組織が行い、お客さんの集客・予約管理・当日のガイドは各ガイドカンパニーが行うことで、一応の仕組みは出来上がりました。また、トライアルツアーでは、それぞれのガイドカンパニーの既存のお客さんにも参加してもらい、好評をいただき、ガイド自身も手ごたえを感じることになりました（写真1）。

写真1　組合員ガイドによる雪上車ツアー

写真2　外国人旅行会社との打合せ

　外国人の受入れについては、地域のガイドカンパニーは、言葉の問題もあるため、必ずしも積極的ではありませんでした。このため、地域の実情を理解してくれる外国人旅行会社のガイドと提携することで、外国人の受入れを行える仕組みをつくることを目指しました。外国人旅行会社のガイドには、これまでの地域の状況や自分達の考えていることを理解してもらうために何度も説明をしましたが、当然に理解できないこともあるため、大変なやりとりが何度もありました（写真2）。

③　旧八幡平スキー場エリアの課題

　ガイドツアーは手ごたえがあったものの課題も残りました。旧八幡平スキー場エリアは営業を終了した2007年頃からは、刈払いなどの管理が行われておらず、ハイシーズンでも小木が雪の上から飛び出しており、スキー場営業時と比較すると滑走エリアが狭くなってしまっていました。このため、地域のガイドで、グリーンシーズンに刈払いを行うことになりました（写真3）。ガイド同士がお互いに顔を合わせる機会が多く

写真3　旧八幡平スキー場エリアでの刈払い作業

なり、一緒に汗を流しながら作業し、山の課題をその場で共有することで、徐々に建設的な議論が出来るようになりました。雪上車を利用してもらう外国人旅行会社のガイドにも参加してもらい、地域の実情やグリーンシーズンの苦労も理解してもらうことが出来ました。

④　雪崩事故を防止するための課題

旧八幡平スキー場エリアの周辺は、毎年の様に雪崩が発生し（写真４）、過去には雪崩による死亡事故も発生していました。このため、当初の計画時から八幡平市は、この旧八幡平スキー場エリアで事業を行う際の条件として、事故防止の活動を行うことを付していました。具体的にどの様に事故防止の活動を行っていくのかは、検討されておらず課題となりました。

写真4　八幡平で自然に発生した雪崩

⑤　運営体制の問題　－どの様な組織で事業を運営するのか－

この様に課題が明らかになり、その解決策も個々に検討が進み、事業を行える手ごたえを感じる中で、雪上車の運行・エリアの刈払い（環境整備）・事故防止の取り組み（リスクマネジメント）をバランスよく行うための中心組織をどうするのかという課題が残りました。これまでの一部のガイドによる任意組織では限界があるため、新たな組織を作る流れとなりましたが、任意組織では構成員としての責任・意識が薄れる、収益事業のため納税も必要となる、特定のガイドの事業になってしまえば公平性が薄れる、株式会社・合同会社ではイメージ的に収益事業に偏りすぎている、などの問題がありました。組織の検討を進めている中で、㈱八幡平ＤＭＯの担当者から岩手県中小企業団体中央会を紹介され、協同組合として法人格を取得できることを教えていただきました。ガイド9名にこのことを説明すると、全員がすんなり納得し、出資者となり、組合法人を設立することになりました。全員が納得した背景には、中小企業等協同組合法の第一条の条文にある「協同して事業を行

うための組織、公正な経済活動の機会の確保、自主的な経済活動を促進、経済的地位の向上」がまさに自分たちが考えている組織の目的・活動方針を言い表していることが理由だったと思います。

　この様な経緯を経て、大黒森（旧八幡平スキー場エリア）を管理する団体として、2019年12月11日に法人設立の登記が完了し、大黒森管理協同組合の設立に至りました。

≫ 03│ 組合設立後の活動の広がり

(1)　雪上車の運行事業

　2019年12月に法人化し、2020年シーズンは順調な滑りだしとなりました。しかしながら、2020年3月以降の新型コロナウイルスの影響により、3月の売上は激減することになってしまいました。2021年〜2023年シーズンの事業継続も危ぶまれましたが、八幡平での雪上車ツアーが徐々に認知されたことや、各ガイドカンパニーの日本人のお客さんが繰り返し参加してくれたことで、危機を脱しました。

写真5　地域からの要望も強い樹氷原への
スノーシューツアー

　また、パウダースノーがなくなる3月の集客が課題となったため、3月に行うスノーシューツアーのトライアルツアーを2022年シーズンから地域の観光業関係者とともに企画し実行しました（写真5）。八幡平に宿泊して、樹氷を見に行くことは、ハイク距離が長すぎるため、これまでは一部の健脚な方しかいけないエリアでした。当組合の雪上車を利用した樹氷ツアーは、雪上車で距離と標高を稼ぐことができるため、ハードルも下がるため、本格的な実施に向けて地域からの要望も強く、安全にツアーを行うための方法を現在も検討しています。

（2）　環境整備（刈払い）事業

　2019年から行い始めたエリア内の刈払いですが、八幡平市が、エリア内の環境整備の必要性を認め、ガイドが行う作業に対し、費用を予算化（八幡平市からの業務委託）してくれることになりました。そのため、今日に至るまで継続して刈払いを行い、徐々にスキー場営業時の姿を取り戻し始めています。

（3）　リスクマネジメント事業（雪山での事故防止）

　組合設立後は、冬山での事故防止への取り組みにも力を入れることが出来る様になりました。2023年にはインバウンドの増加とともに各地の雪山で遭難・雪崩事故が増加したことにより、事故防止に向けた取り組み・適切な事故対応は地域側に求められることになってきています。

①　毎日の気象・積雪観測と情報発信

　カナダなどの雪崩研究の先進地では、スキー場単位でシーズン中の気象・積雪観測を行い、雪崩の予測が行われています。八幡平でも同様の取り組みを2020年シーズンから組合の事業として行うことになりました（八幡平市の委託事業）。1月から3月末までのおよそ90日間、毎日の気象・積雪観測を行い、雪崩が発生した日の気象・積雪条件を明らかにし、雪崩発生のパターンの解明に取り組んでいます。得られた気象・積雪データはHP・SNS等で発信し、入山者への注意喚起を行っています。

②　雪崩事故発生場所のマッピング

　旧八幡平スキー場エリア周辺では、これまで多くの雪崩が発生していますが、雪崩の発生地点をマッピングしたものはありませんでした。雪崩は気象・積雪の条件で発生しますが、発生地点の地形の影響も大きく受けます。このため、発生地点の地形的特徴を明らかにすることは、雪崩事故の予防面で大きく役に立ちます。2021年に各ガイドの記憶やHP・SNSから過去に雪崩が発生した地点を地図上にマッピングする事業を行いました。これにより、雪崩のリスクが可視化されることになりました。これを入山口に設置し、入山者への注意喚起を行っています。

③ 講習会の開催

　組合を設立したことで、外部から講師を呼び講習会を行うことに対して、一部資金の補助が受けられるようになりました。組合設立後は、ガイドが技術を学ぶ場としての講習会を毎年開催しています（写真6）。

写真6　カナダの専門家を招いてのガイド講習会

　さらには、ガイドが学んだことを一般愛好者へ還元する事業も開始しました。冬山に入り、万が一雪崩事故に遭遇してしまった場合には、雪崩ビーコンという機器やショベルなどを用いて、捜索・救助を行います。雪崩ビーコンは特殊な機器のため、雪崩事故が発生した際に、雪崩ビーコンを適切に使い、捜索・救助するためには、繰り返しの練習が必要です。しかし、練習する場がないことで捜索・救助の技術が一般愛好者にまで広く伝わっていないということが課題となっていました。当組合では、2021年シーズンから雪崩ビーコンの使い方の講習会を行い、延べ150人に参加してもらっています。

④ 事故対応

　旧八幡平スキー場周辺エリアでは、自然に雪崩は発生するものの、警察が出動する大きな雪崩・遭難事故は近年発生しておりませんでした。しかしながら、2023年2月下旬に雪崩事故1件と遭難事故1件が立て続けに発生しました。雪崩事故については、雪崩の発生地点・原因の確認作業を行いました。遭難事故については、警察隊員を現場へ輸送するために雪上車を連日運行するなど、捜索・救助に協力しました。事故後も事故対応時の反省を活かし、今後の事故対応について警察と打合せする機会を持つ様になっています。

(4) 組合組織のマネジメント
ー事業を明確にし、小さな組織の利点を活かすー

　任意組織ではなく、法人格を有する協同組合組織となったことで、事業内容が整理され、決裁・資金管理などの透明性が増しました。ガイド個々人も

組合員（出資者）として意見を言える権利と実行する義務を有したことで、議論もより建設的になっています。

　組合としての事業は、雪上車の運行事業、エリア内の環境整備事業、リスクマネジメント事業の３つに絞ることになりました。事業内容を明確にすることで、それぞれの事業の課題を整理し、誰が主になって解決にあたるか、時間・資金がどのくらい必要か、その資金は支援事業等で調達することは可能かなど、より具体的に検討することが出来る様になりました。

　当組合では、理事３名・監事２名の役員を置いています。SNSのグループ機能を使うことで、複数人で即座に報告・確認・解決策について議論することが可能なので、スピード感をもって事業運営に当たれています。小さな組合のため、専従者を置くことはできませんが、個々の組合員の得意なところを分担する形で、組合事業を継続するための体制が出来上がっています。

（5）　協同組合としての強み

　組合の設立前は、ガイド個人としての活動であり、地域の観光行政に対する発言力は大きくはありませんでした。組合として法人格を有したことや事業の前進が地域内にも認められたことで、市の観光施策を決める観光協議会に参画し、観光施策に対し意見や提案を行うことが出来る様になりました。また、2023年に発生した遭難事故などに対する今後の地域での対策についても組合としての意見が反映される様になってきています。この様に、ガイド個々人の事業は維持したまま、組合活動を行うことで、ガイド個々人では出来なかったことが実現できるようになっています。

≫≫ 04│考察　－地域で連携して持続的に事業を進めるために大切だったこと－

　地域内での事業者が連携することは、観光業だけでなく、様々な分野でも提言されています。補助金の要件として、地域での連携が義務付けられることも多くなっています。当組合での組合設立と持続的な事業を通して、地域で連携して事業を行う上で大切なこととして、次の4点があげられます（図1）。①地域での議論を整理すること、②地域のリソース（人材・自然環境・資金）を確認し、出来ることから始めること、③覚悟を決めた人で、事業を

行うための組織を作ること、④他者へ説明し、協力・支援をもらうこと。

① ・地域での議論を整理すること

② ・地域のリソース（人材・自然環境・資金）を確認し、出来ることから
はじめること

③ ・覚悟を決めた人で、事業を行うための組織を作ること

④ ・他者へ説明し、協力・支援をもらうこと

図1　地域で連携して事業を行う上で大切なこと

　地域での議論は公式・非公式を問わず、多くの場で行われていることだと思います。この議論を無駄にしないためには、個々人の主張を丁寧に聞き取り、議論内容を様々なカテゴリー、時間軸で整理する必要があります。多くの人に共通する考えは、その地域にとって優先的に解決すべき課題である可能性があります。

　明らかになった課題を解決するためには、誰がその問題に取り組めるのか、資金はいつ・どれくらい必要なのか、解決に時間がどれくらい掛かるのかを考えなくてはなりません。そのためには、自分たちのリソース（自然環境、人材、資金）を把握していなくてはなりません。課題と自分達のリソースをつき合わせて、解決方法を考えていくことは、地域の実情が分かる人にしか出来ないことだと思います。これらの検討を進める中で、早い段階で確実に出来ることもでてくると思います。確実に出来ることから成果を上げていくことで、地域の自信にもなりますし、それぞれの人の覚悟も決まってくると思います。

　連携して長期的に事業を行うのであれば、組織化は必須だと思われます。組織の構成員が確定するので、情報共有や物事を決める際のスピード感も出てきます。対外的な信用を得られることも大きなメリットです。

　課題を解決していく中で、自分達だけでは解決出来ないこともでてくると思います。その様な場合には、自分たちの課題や取り組み状況を積極的に他者へ発信・説明することで、協力や支援がもらえる可能性があります。他者

へ説明する過程で、課題解決のためのボトルネックも整理されるかもしれません。そのボトルネックに対して補助事業などを利用し専門家のアドバイスを受けることで、問題を解決することができるかもしれません。

　当組合の場合には、地域で粘り強く議論を行い、それを整理し、課題をあぶり出し、1つ1つ課題を解決していくことで、覚悟が決まり、協同組合の設立に至り、多くの方々からの協力・支援をもらうことで、持続的な事業が出来上がりました。外部の有名スキーメーカーがうまく出来なかったことを自分たちが成しえたことは、大きな自信にもなりました。当組合のやり方が全てだとは思いませんが、これら4つの視点は地域で事業を行う上で、重要なことではないかと思われます。

》 05 | 最後に　－大黒森管理協同組合の目指すところ－

　人口減少に歯止めがかからない地方において、様々な国の旅行者に来ていただくことは本当にありがたいことです。ただ、地域で十分な議論・検討もされぬままに作りあげられたモノが、地元住民に幸福をもたらしているかと言えば、必ずしもそうでないとも思います。当組合の目指すべきは、最大化ではなく最適化です。

　観光業は夢のある産業ですが、現実的な地域のリソースは限られます。資金があれば解決出来ることもあるかもしれませんが、時間を掛けて向き合うことでしか解決出来ないこともあります。変化の激しい時代には、長期的な計画を立てることが難しくなっています。これから先も課題が山積していると思います。我々は、自分の立ち位置を常に確認し、次にどこに進めば良いのかを考え、1つ1つ課題を解決していくことが最も価値があることだと思います。

中小企業の自己変革に向けた
プロジェクト伴走型支援
―プロジェクトに並走してプロセスをファシリテートした事例―

青木　博之

鳥取商工会議所　経営支援部　部長
中小企業診断士

要　旨

　変化の激しい経営環境下にある中小企業、多くの企業において、自己変革が求められています。そして、経営支援には、課題設定と対話、動機づけの視点が必要と言われます。企業を取り巻く経営課題は多種多様ですが、認識している課題は氷山の一角であり、その奥底には、企業の文化や風土、商習慣、価値観、社員のメンタリティなどの複雑な問題もあります。これを解決するためには、「気づき」から始まり、自ら考え、行動へ導く支援を続ける必要があります。

　そのため、我々支援者は支援企業に寄り添った伴走型の支援を徹底し、企業が自ら変わる力を手にするきっかけづくりが重要であると考えます。私は「経営者と共に考えながら、気づかせる」というスタンス、いわゆるプロセス・コンサルティング（※1）にこだわってきました。支援者がプロセスへ働きかけることで、経営者や現場社員が本質的な課題に気づき、納得することができ、自走化への動機づけとなります。さらに、企業が変革を果たすには、次世代の変革型リーダー（※2）の存在が不可欠であり、人材育成方法も支援する側の課題となります。

　本件は、支援企業の成長へ向けた実効性の高い経営支援を行うためには、プロセスに軸足を置いたプロジェクトによるファシリテーション（※3）型支援が有効な手法であることを実践した事例です。そこで、社内に変革型リーダーを育成するとともに、支援企業の懐に踏み込んで共に課題に取り組み、活動プロセスをファシリテートして最適解を考え、プロデュースするコンサルティング手法を中小企業庁が推進する経営力再構築伴走支援の一手段として提案します。

（※1）**プロセス・コンサルティング**：クライアント自らが自分の問題を発見し、解決策を考えて実践できるようにと、その取組の過程（プロセス）を支援すること
（※2）**次世代の変革型リーダー**：変化に前向きな姿勢で企業を変革に導く若きリーダーと定義
（※3）**ファシリテーション**：活動の場においてプロセスをサポートしていくこと

≫01 | はじめに

　近年、グリーン化やオペレーションのデジタル化の進展、消費者行動の変化、人口減少等、中小企業を取り巻く環境が大きく変化している中で、経営の方向性を見極めることが難しくなっています。不確実性の高い時代と言われますが、生産性向上や経営革新、販路開拓を実現していくためには、経営者自身が変化に柔軟に対応できる「自己変革力」を高めることが必要です。

　私は中小企業支援を職務とする商工会議所の職員である一方、中小企業診断士としてのキャリアアップを目指して日頃から自己研鑽に励み、新たな知識・ノウハウの習得に努めてきました。経営支援に関わって30年余りになりますが、多数の企業への支援実績を重ねる中で、伴走支援の効果をより高めていくためにはどうすべきかを考えてきました。

　今、経営支援のあり方が大きく問われています。事業者の自律化、自走化へ向けた支援とはどうあるべきか、意識や行動を変え、自ら変革し続けるには何が求められるのかを自問自答し、我々支援者自身も自己変革しなければなりません。公的な中小企業支援機関の人材である私たちも、今後さらなる困難に立ち向かう経営者に対して、自己変革を求めない、その場限りの一過性の支援とせず、そのためのスキルを磨きプロ意識を持って臨まなくてはならないと思っています。

≫02 | 支援企業の奥底に潜む本質的課題は何か

　地域に密着した中小企業・小規模事業者は、地域経済や雇用を支える極めて重要な役割を担っています。そして、様々な環境変化に柔軟に対応していかなくてはなりません。中小企業等をターゲットとした法整備と施策の充実が図られている中、事業者の身近な存在である商工会議所・商工会の経営指導員等による伴走型の支援の重要度が増しています。

　私がこれまで現場で実践、経験した支援を振り返ってみると、中小企業、特に小規模事業者で言えば、単独で環境変化に対応できるかというとなかなか難しいところです。経営環境が劇的な変化の中での経営の方向性、本質的課題について共に考え、気づきを導く存在が我々であり、真の役割です。私

が日々感じていることは、成功している企業、組織に活気のある企業に共通するのは、**変化を直視した能動的な人材の存在であり、マインド（意識）の高さの違い**だということです。自ら考えて動き、積極的にチャレンジするという「行動や意識」が習慣化し、それを大切にしている企業に共通する特徴は、経営者のみならず社員に「主体性」があることです。

　では、どうしたら変革をもたらす「主体性」ある企業を創出することができるのでしょうか。例えば、ある経営者は会社の進むべき方向は分かっているけれど実行できないと述べています。それは、組織内部の複雑な事情や人間関係を知っているから、思い切って社員を動かせないことが背景にありました。我々が支援で把握する課題は、表面に出た氷山の一角にすぎず、その奥底には企業それぞれ複雑な本質的課題が存在し、そこへ思い切って踏み込まなくてはなりません。

　そこで、自己変革へ向けた本質的な課題の一つが「意識改革、行動変容」だと仮定すると、私は、どう個人の意識や行動を変え、会社組織を前へ動かすかという動機づけが、経営支援において重要であると考えます。この**変革マインドを引き出すための仕組みづくり**が支援課題だと私は認識しています。

≫ 03｜プロジェクトによる自己変革へ向けたプロセス伴走支援 ≫

　どうしたら企業組織を変革型へ導き、社員の変革マインドを引き出すことができるか、テーマ（ゴール）は、**現場が自ら変わる力「自己変革力」を手にすること**です。このゴールへ導く理論として、ジョン・P・コッターの「変革を成功させるための8段階のプロセス」を引用してみます。

　リーダーシップ論の第一人者であるジョン・P・コッターは、多くの企業が変革に失敗している点に着目し、その変革を導けるリーダーが不足していると主張し、リーダーシップとマネジメントの違い、変革のための8段階のプロセスを提唱しました。コッターは、このプロセスを安易にスキップすることなく、適切に踏襲していくことだと述べています。

　企業の自己変革を推進するためには、右の8段階のプロセスが有効であることから、私は、この①～⑧のステップを重視しています。

　このプロセスの**「②変革推進のための連帯するチーム」**に注目してみます。

変革をリードするための十分なパワーを備えた連帯チームを築いていくためには、チーム人材の当事者意識が必要になります。私は、このステップを踏まえて、日頃の課題に適用してみました。

変革を成功させるための8段階のプロセス

① 危機意識（緊迫感）を高める

② 変革推進のために連帯するチームを築く

③ ビジョンと戦略を生み出す

④ 変革のためのビジョンを周知徹底する

⑤ 従業員の自発を促す

⑥ 短期的成果を実現する

⑦ 成果を生かして、さらなる変革を推進する

⑧ 新しい方法を企業文化に定着させる

現場が動かない（課題）

　私の経験から話します。これまで多数の企業診断や経営計画策定等を行い、現状分析から課題設定、今後のあるべき姿を具体化して経営者へ提案してきましたが、経営者は納得したにもかかわらず実行に移されないことがあります。会社の戦略を考え、組織や仕組みを変えても社員が動かずうまくいかない例です。

　どうしたら会社全体を目指す方向にすばやく動かし、戦略をやりきることができるか。私は、現場の「腹落ち感」がないことが原因だと思っています。現場が自分事として納得感を得ず、組織のトップから方向性は伝わっているものの、個々の社員の中で改革（再構築）に対応していかなければならないという「腹落ち」が弱いというケースです。その結果、多くの社員は方針や方向性に対して思うように動きません。
では、どうしたら社員に「腹落ち」させることができるのでしょうか。

腹落ちを生み出すプロジェクト（チーム）ファシリテーション

　新しいビジネスを創造するには、プロジェクトを立ち上げチームで検討していくことが有効です。プロジェクトでは、経営トップが号令をかけ、メンバー各自が自分の立ち位置で何をすべきかを自ら考え、チームで意思決定します。そのためには、トップの方針や目的を、その理由や背景とともに具体的に理解することが必要です。そのうえで、プロジェクトの目的や方針に沿って、自分の仕事の「あるべき姿」を描くことで、それを自分たちがやりたいと思え、

自分こそやるべきだという「当事者意識」を持つことが必要になります。

　「腹落ち」とはこのように、目的と理由を深く理解し、具体的なあるべき姿を自ら描き、当事者意識を持てるレベルまで納得するということです。そして、「腹落ち」を生み出すには、ファシリテーションの手法が有用です。「腹落ち」させるためには、方針や目的をメンバー一人一人にブレイクダウンさせ、自分の問題とさせる必要があります。

　ファシリテーターは、チームメンバーに一方的に指示や命令をするのではなく、相手に問いかけ、考えさせることにより、行動につながる深い腹落ち感を目指します。さらにメンバー個人だけでなく、チーム全体に対して、それぞれが持っている様々な意見を適切に整理し、メンバーが考えを引き出すよう動機づけを行い、議論のプロセスをサポートします。

組織に変革をもたらすプロセス伴走支援とは

　プロセス伴走型支援とは、プロジェクトチームの構成員の感情やモチベーション、人間関係、コミュニケーション、意思決定、リーダーシップといった不可視のプロセスに働きかけるプロセス型コンサルティングに着目し、伴走支援者がファシリテーション手法により働きかけることで、社員自身が自力で解答を発見し、解決するようアプローチする手法です。これに対し、支援企業の抱える課題に対する解決策を経営コンサルタント等専門家が提示して、経営者のトップダウンで実行させる手法はコンテント型と呼ばれます。

　このプロセス伴走型支援は、経営者の目的・方針に対するアクションへ向け、**現場を巻き込み伴走する仕組み**です。特に、新たなビジネスのアイデアを着想するには最適な方法と言えます。何より、現場の自分たちが発案し、決断して、そして、経営者の承認を得て責任をもって実行することで、計画の実現可能性の確度が高まります。さらに、チームプロジェクトは、**リーダーシップを引き出す有効な手段**にもなります。

　リーダーシップとは、リーダーだけが発揮するものではありません。プロジェクトのテーマに応じて全員がリーダーをシェアすることで、プロジェクトをリーダーシップ発揮の場にできます。メンバーのリーダーシップを育みながらプロジェクトを成功させます。

支援者がファシリテーターとなる、行動変容を促す働きかけの手段として有効

①環境の変化	→	②意識の変化	→	③行動の変化
当事者意識		合意形成		

　行動変容を促すアプローチに当てはめてみると、①環境の変化は、「新しいことにチャレンジできる場」をつくること、つまり、安全なプロジェクトチームを組成することが該当します。社員は、担当業務から特命プロジェクトへの参画によってワークスタイルが変化します。そして、ファシリテーターは、この場をコントロールしつつ環境を管理します。②意識の変化は、プロジェクトワークへ環境が変わることでメンバー自らが主体となって取り組み、ワクワク感や当事者意識が芽生え、意識が変わり始めます。ファシリテーターは、このプロジェクトの課題からプロセスをファシリテートしながら人材育成、変革型リーダーの養成へと展開することになります。最後に、意識の変化に伴って、メンバー全員は、自分自身はこうしたいという意思と合意形成を得て、③行動の変化が起こります。

　以上のアプローチが、企業の変革へ向けた支援方法として、有効ではないかと考えます。

≫04│ 実体験―㈱懸樋工務店の「新規事業開発プロジェクト」での実践 ≫

（1）㈱懸樋工務店の紹介と取組の経緯

　実践事例として取り上げる㈱懸樋工務店（1954年創業、従業員54名、懸樋義樹代表）は、鳥取市で中核をなす法人建築を主体とした建設会社です。非住宅（工場や店舗、オフィス、公共公益施設など）の自社設計から施工、アフターフォローまで一貫して行うこと、施主との緊密な意思疎通や提案力に強みを持ち、地域で存在感を発揮しています（施工実績多数）。また、建設業だけでなく、スポーツ健康事業としてゴルフ練習場とフィットネスジム運営も手がけています。本業の建築業では、外部環境の変化に業績が左右され、従来から公共事業に依存した受注体質に課題がありました。こうした中、懸

樋工務店の強みや事業機会を活かした新たな展開を模索していました。

　懸樋社長のビジョンは、建設会社に止まらず、暮らしや働き方をトータルにサポートする企業になること、特に、本業と地域がつながるスポーツ健康を核とした地域貢献に関心を持っていました。私が企業訪問を重ね、懸樋社長の地域に新しい変化（ビジネス）を起こしたいという思いに意気投合し、社長の明確なビジョンに共感したことがこのチャレンジの始まりです。一方で、懸樋社長には今後の成長を踏まえ、多様な人材を確保したい、育てたいとの思いもあり、若手人材を登用し活かす組織づくりにも支援ニーズがありました。

　そこで私は、若手社員の人材育成を兼ねて、クロスファンクショナルな社内プロジェクトチームを立ち上げ、**現場が主体となり、自らが考える仕組み**を提案しました。現場人材の主体性により自らが課題を設定し、解決策を計画する、そのプロセスに大きな意味があり、計画を作ることに止まらず、自分事として実行できると社長に訴えました。

　これまで私は、商工会議所・商工会の支援機関での従来の目先の課題への御用聞き的な経営支援に疑問を感じつつ、新たな支援手法を試行錯誤してきました。そんな中、現場主体のプロジェクトチームを私自身がファシリテーターとしてリードすることで、**リーダーを育成してプロジェクトを成功させる**という私にとっても新たな挑戦でした。

（2）イノベーションＷＢＳプロジェクトの立ち上げ

　新規事業開発プロジェクトチームを立ち上げるに当たって、社長と共有したことは、

①適切な人材を選ぶこと
②メンバー間の信頼感を築くこと
③共通の目標を立てること

の３つでした。①は、若手のリーダーシップとチームマネジメント力の養成を期待すること、②は、数多くの討議と共同作業を通じて直接間接部門の相互信頼を築くこと、③は、現場が納得し、皆が腹落ちし合意することに留意しました。懸樋工務店の成長を目指して、どういった着眼で新たな事業分野

をつくり上げるか、企業の将来像を見据え経営戦略をどう構築すべきかという、懸樋社長の大きな期待がありました。

　次に、支援アプローチを考えます。支援者の私と社長が入念に話し合い、テーマと方針を設定します（フェーズ１）。そのうえで、プロジェクトチーム立ち上げ、事業アイデア・ビジネスモデルの着想と構築に取り掛かります（フェーズ２）。最終段階は、再構築事業計画のプランニング、第8回公募補助金申請へ向かう（フェーズ３）流れを踏みます。
　そして、プロジェクトの目的を次のとおり定めました。

◆企業成長へ向けた事業再構築のシナリオと新展開企画、事業化
◆事業再構築補助金事業計画の立案、申請へ
◆同時に若手社員の人材開発と組織変革への意識づけ

　プロジェクトチームのメンバーは、今後期待する若手社員から選びたいという社長の考えを踏まえて、次を担う若手中心で構成しました。そして、プロジェクトリーダーには入社２年目の28歳女性を抜擢しました。

プロジェクトメンバー（ライン部門３名、スタッフ部門２名）
◆プロジェクトリーダーに、経営企画部のＡさん（28歳）
◆ゴルフ練習場施設の統括マネージャーのＩさん（35歳）
◆フィットネスジムトレーナーのＳさん（26歳）とＮさん（26歳）
◆営業企画のＯさん（40歳）を事務局アシスタントとして参加
◆プロジェクトオーナーの懸樋社長、プロジェクトに随時参加
◆伴走支援者がファシリテーターとなる、鳥取商工会議所の青木博之

　懸樋工務店の次世代を担う若手社員が中心となり、全員が自ら主体的に考え行動し、試行錯誤を繰り返しながら、社長がアサインした目的・ゴールに向かって議論を進めることになります。各メンバーは自らの役割を自覚し、議論やワークに積極的に参画します。私はその過程をファシリテートするとともに、チームの動機づけを担います。
　プロジェクトチームを運営する際には、役割分担を明確にすることが重要となります。役割が曖昧な状態だと、それぞれのメンバーがやるべきことに

集中できず、プロジェクトが停滞する原因になります。メンバー間の連携が取れなくなったり、効率的な業務ができなくなったりといった可能性も考えられますので、キックオフで全員共有しました。

　また、議論をスムーズに進めるため、あらかじめグランドルールを設定しています。

【プロジェクトにおける役割分担】

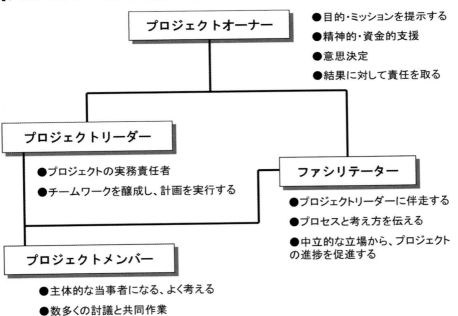

【プロジェクトのグランドルール】
・誰かに期待するのではなく、自ら考え抜く意識を持ち動くこと
・積極的に提案する、他のメンバーの意見を頭から否定しないこと
・提案した人に、その提案の対応を押し付けないこと

（3）プロジェクト12週間プログラム

　令和4年9月2日のキックオフミーティングから約5ケ月間、毎週火曜日を基本とした定例ミーティングを計16回開催しています。プロジェクト立ち上げ時での、WBS（詳細は後記のとおり）兼日程計画「変革１２週間プログラム」は下記のとおりで、毎回のミーティングでは事前に進行シナリオを私が作成し、リーダーより事前にメンバー全員へ展開します。

（※）WBS（Work Breakdown Structure）とは、プロジェクトに必要な作業を分解して見える化した管理図。

	日程	ワーク項目	作業・議論のプロセス
第1週	9/2 キックオフ	ミッションの共有	メンバー間でのミッション共有とゴールの確認
第2週		市場分析と予測	フィットネス市場のトレンド、商機の所在
第3週		自社分析	リソース確認（SWOT分析）、課題設定と活かすべき強み
第4週		競合分析	競合研究、他社比較、全国の他社事例のベンチマーク
第5週		ブレスト①・アイデア	他社にない独創的なアイデアを着想、市場とのすり合わせ
第6週		ブレスト②・アイデア	〃　〃　（→立地研究・選定）（→補助金計画始動）
第7週		STP分析	S.市場の明確化、T.顧客の特定、P.立ち位置の明確化
第8週		事業ドメインの設定 コンセプトメイキング	リブランディング コンセプトの再設計　「誰に」「何を」「どのように」
第9週		バリュー設定	顧客へ提供する価値とは何か、自社の優位性とストーリー
第10週		運営方法①	オペレーション、マシン設備、空間、集客・顧客定着、価格
第11週		運営方法②	投資計画・損益計画、事業採算性の検証
第12週		ビジネスモデル	ビジネススキーム・プロセスモデル、収益モデル
	1/13ゴール	補助金申請	事業計画書（事業再構築補助金）

　なお、プロジェクトの中盤に差し掛かった頃、進捗状況と作業量を考慮し、ゴールとアウトプットを明確に設定し直し、下記のとおりタスクを細かく管理しました。

日程	テーマ	ゴール・アウトプット
10/19	ビジネスモデルの立案① 独創的アイデア	課題と必要性からアイデアを抽出
10/26	ビジネスモデルの立案② 再考、仕組みの議論	何をするかの大枠決定、補助金対象要件との整合性確認、社長の承認
11/2	ビジネスモデルの具現化① コンセプトとバリュー	コンセプト、顧客提供価値の決定
11/9	ビジネスモデルの具現化② マーケティング	4P、ターゲット、ポジションの決定
11/16	ビジネスモデルの具現化③ オペレーションとハード設計	実施体制、人材、立地・施設、投資計画等の確定
11/22	ビジネスモデルの具現化④ 収益モデル・事業採算性の検証	損益の見通しと付加価値、資金計画、採算性の確定
11/30	事業計画書作成① 事業テーマとエッセンス、計画書構成、事業再構築指針の要件との関連性	事業計画テーマの決定と事業の要約、指針の類型と要件との整合
12/7	事業計画書作成② 1.補助事業の具体的取組内容、2.将来展望	ブラッシュアップ、ドラフト版
12/14	事業計画書作成③ 上記のブラッシュアップ	ブラッシュアップ、ドラフト版
12/21	事業計画書作成④ 3.本事業で取得する資産、4.収益計画	ブラッシュアップ、ドラフト版
12/28	事業計画書作成⑤ 上記のブラッシュアップと1.、2.との整合	事業計画書ドラフト版の完成
1/11	事業計画書最終版の確認と申請へ向けて	Pメンバー全員の腹落ち
1/13	事業再構築補助金の申請提出期限	

　進行シナリオでは、その日のプロジェクトミーティングの論点とゴールを明確にします。

第1回 ミーティングシナリオ（9/2）

論点・テーマ	・メンバーの皆さんが自分で考えて、主体的な当事者になる意識を共有すること	
着地・ゴール	・考える力を鍛える場とする、目的をお互いが理解すること ・ワーキングミーティングの方法・日程を理解すること	

時間配分	カテゴリー	検討項目
10分	キックオフ プロジェクトオーナーから	トップ（社長）が示す方向性、長期ビジョンとプロジェクトのミッションの提示する プロジェクトリーダーを決める
20分	ミッションの共有	ミッションの詳細をファシリテーターが補足説明し、メンバー間で共有する 事業再構築補助金の仕組み（申請要件等）を理解する
90分	現状経営を共有 現場の声 業界・市場の理解	現状をメンバー全員で理解するため意見を聴取・討論する 業界の動きやトレンド、トピックを理解する
残った課題 次回	・集客方法の現状把握と課題抽出 ・ジムの同業者をサービス内容でカテゴリー割、分類すること ・ゴルフはNゴルフとの比較分析	

第2回 ミーティングシナリオ（9/14）

本日のテーマ	・スポーツ健康事業の現状・経営状況を洗い出すこと ・市場（顧客）動向と競合他社を精査・分析すること	
本日のゴール	・現状経営をメンバー全員で共有、市場（顧客）と競合の外部環境を把握する	

時間配分	カテゴリー	検討項目
30分	現状認識の続き	直近3期の財務、売上高推移と部門構成 当社の販促・集客方法の現状と問題点
60分	【顧客の視点】 市場分析と予測	取り巻く市場環境とトレンドから商機の所在を探る （※業界、トレンド情報を全員で引き続き収集）
30分	【競合の視点】 競合他社分析	ゴルフはNゴルフとの比較優位分析 ジムは同業他社をグルーピング、競合ターゲット分析により精査 →ターゲットを抽出3～4社との比較分析へ）
次回	・競合比較分析結果に基づいて議論 ・全国事例のベンチマーク ・自社分析（SWOT）、活かすべき強みは何か	

　また、Facebookのメッセージアプリ「メッセンジャー」を使って、私や社長を含めメンバー全員でリアルタイムに情報をグループ共有する環境を準備しました。

（4）ファシリテーターによるプロセス伴走支援

　支援者である私がファシリテーターを担います。初回のミーティングは私が進行しますが、2回目以降は、リーダーに任せます。メンバーには、ハードワークを覚悟のうえ、12週間「考え抜く」ことを徹底しました。私はプロジェクトに並走する、共にプロジェクトのゴールに向かって走る同志という関係を築きました。

　キックオフミーティングでは、プロジェクトオーナーである社長よりプロジェクトの目的とビジョンを説明してもらいます。社長からのミッションは、「本業の建築業とスポーツ健康事業が相乗するビジネスを創造すること」でした。続いて、私が補足説明し、社長のミッションを全員で共有することで進むべき方向を一致させます。

　ミーティングでは、最後に決まったことの確認と次回の議論に持ち越す課題を決めて、次回のミーティングまでに全員で考えてきます。メンバーは担当する資料を準備して次回のミーティングに臨むことになります。そして、ミーティング解散後、アシスタントのOさんが議事録を作成し、メッセンジャーへアップしてメンバーで共有します。

　私が留意したことは、①ミーティングの初期段階では、意見が活発に交わされるような安心感がある雰囲気づくりを心掛けたこと、②中頃以降は、各メンバーの視点の違いや感情の起伏に配慮したことです。

　前掲のWBS（スケジュール表）に沿って議論を進めていくことになりますが、ミーティングの回を重ねるごとにメンバーの意識に変化があり、チームの空気感が変わってきます。メンバーは自分事として自覚し始め、進んで議論に参加し、主体的に情報収集、事前調査・分析に動くようになります。そして、何よりの変化は、リーダーが日に日に議論をリードする姿が見られるようになったことです。6回目のミーティング以降は、私に代わってリーダー自らが進行シナリオを準備するようになります。

　プロジェクトチームでのリサーチ・分析では、フレームワークを多用しました。フレームワークを使いながらメンバーで議論します。私が使ったフレームワークは次のとおりです。

チームで議論すべきことに適したフレームワークを選択することがポイント … ①事業環境分析の3C・SWOT、②マクロ環境分析のPEST、③マーケティングのSTP分析・4P、④ペルソナ分析、⑤ポジショニングマップ、⑥ベンチマークなど

　しかし、プロジェクトは順調に進んでいたものの、ファシリテーターの私とAリーダーとの間で議論の進め方で意見のコンフリクト（対立・論争）が生じました。リーダーからは、スポーツ健康事業の事業拡大へ向けたゴールが重要で、どこに置くか決まっていないとの意見でした。私は、事業再構築補助金の申請も視野に入れて、5年後の部門売上の数値目標の設定を提案しましたが、リーダーは、定量的なことよりも定性的な目標を定めて、共通認識すべきだと主張しました。私は、ゴールには定性的なものと定量的なものがあり、補助金計画では定量目標（売上の規模感、付加価値額）が大前提となり、この定量目標を実現するための計画になると助言しました。

　一方で私は、このリーダーの意見や考え方にプロジェクトリーダーとしての自覚と本気度を強く感じました。そこで、ゴールを再設定して仕切り直し（※右のフロー図）し、リーダーの進行のサポートに徹しました。

①活かすべき強み
↓
②ゴールの設定
↓
③ゴールへ到達するための課題
↓
④課題を踏まえて何をするか（アイデア出し）
↓
⑤具体的な戦術の設計

　スポーツ健康事業部の当社での位置づけと定性目標は、「スポーツやフィットネスを通じて、社員はもちろん、顧客や地域の健康な人生設計に貢献し、会社経営にとっても柱となる事業部に成長する」としました。

　これをきっかけに、リーダーは、プロジェクトのタスク管理、メンバーへワーク作業の自発を促し、強いリーダーシップを発揮するようになりました。

　その後、チームは、調査・分析を終え、ブレストワークに差し掛かると議論が紆余曲折し、アイデアの生みの苦しみを味わいました。現場Sさん、Nさんからはゴルフ、フィットネス事業に新たにスパ・リラク事業を加えた、複合化した健康ビジネスの提案がありましたが、当社にノウハウがないこと

や、投資効果が見込めないことなどから見送りとなりました。そこで私は、今一度、社長のミッションである「スポーツ健康事業と本業が相乗する仕組み」に立ち返って考え直すことを勧めました。そこからメンバーは、「健康経営」に着目し、新規ビジネスのアイデアを発想することになります。メンバー全員が壁にぶち当たりながら、予想以上の良いプランが構想されました。このプランニングなら補助金採択も十分可能です。経産省の健康経営オフィスレポートの効果モデルに則り、オフィス環境の改善、整備をヘルスケアサポート事業として立ち上げる計画です。

　さらに、ミーティングを重ね、ビジネスモデルの詳細設計、収支計画、推進体制を検討し、実行可能性の高い事業化計画としたうえで、事業再構築補助金第8回公募に申請し、令和5年4月6日に採択される運びとなります。

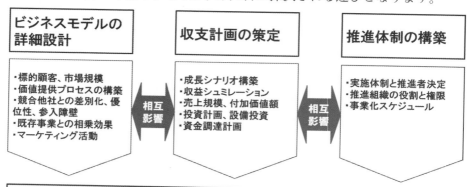

実践事例からの学び

　懸樋工務店のプロジェクトを振り返った際、多くの学びがありました。それらをまとめると、プロジェクトにおいて、自分たちのありたい姿のために、自分たちで課題を見つけて自分たちで解決していくスタイルが本来の仕事の姿だと気づきました。決してやらされ感はなく、自分たちのこととして本質的な議論に正面から向き合ったことで、アイデア出しの苦しい局面に追い込まれても、最終的に自分たちで考え抜くことができました。

　私は本プロジェクトでは、命令、指示することはしませんでした。その代わり、メンバーから考えを引き出す場を設定しました。ミーティングではメ

ンバーの意見や考えを観察しつつ、考えるプロセスをリードしました。今回、チームの伴走者としてファシリテートし、ビジネスモデルを一緒につくりながら実感したのは、**「社員を巻き込み、任せることで人は動く」**（星野リゾート社長の星野佳路氏）ということでした。この実践事例から学ぶ「プロジェクトカルチャー」は、事業再構築や組織改革などのトランスフォーメーションに大いに活かすことができます。

　そして、懸樋社長からは、私と約5ヶ月間の付き合いを振り返って「並走してくれるのが会社にとっても社員個人にとっても一番ありがたかった」との言葉を頂きました。新しいことにチャレンジしたり、リーダーシップを発揮したりすることには、ある種の孤独や葛藤がつきものです。社内で上司がプロジェクトメンバーを管理、指導するよりも、少し前を走る伴走者が助けになると私は考えます。**「管理」**するより**「並走」**することです。外部の専門家を使わずに、社員だけでプロジェクトに取り組む際、我々のような支援者が並走して一緒に考えることに意義があると本事例で改めて感じました。

　最後に、今回のプロジェクトチームで考案した成果である新たなビジネスモデル「オフィス環境からはじめるヘルスサポート事業」を紹介します。

（5）新事業展開「オフィス環境からはじめるヘルスサポート事業」

　この「オフィス環境からはじめるヘルスサポート事業」は、同業他社にない懸樋工務店のリソースと強みを活かした取り組みで、経済産業省が推進する「健康経営オフィス」をコンセプトに、地域の中小企業の企業価値向上に貢献することを目的としています。本業の建築業による「健康オフィス環境」の整備に止まらず、当社と契約を結ぶ法人企業に在籍する社員の福利厚生までを制度化したビジネスです。オフィスを快適な環境に改修する一方で、社員のオンとオフの両面で、充実した働き方や福利厚生、専属トレーナーによる健康管理、体力促進などをワンストップでサポートします。

　そのために、当社社屋を"ライブオフィス"として魅せるショールームへ改装し、モデル拠点にすると同時に、健康・体力促進の拠点としてフィットネスジムを当社敷地内に新たに開設する計画を立てました。この施設は、法人企業とその社員への提案による「体験」と「実感」を通じ、広く情報を発信する拠点にもなります。

この事業は、「健康経営」をキーワードに、環境整備による働き方改革と、社員の健康・体力促進の外面と内面のソリューションをワンパッケージで提供することが特色です。

（ビジネスモデルのポイント）
〇経済産業省が推進する健康経営オフィスの　「健康を保持・増進する７つの行動」を当社の新たなビジネスモデルにより実践すること
〇法人企業を対象としたオフィス空間・環境の改善を、さらに社員を対象とした新しい働き方や福利厚生、体力促進等を一貫してサポートすること
〇健康経営オフィスの情報発信・モデル拠点として、自社オフィス内をショールーム化、「ライブオフィス」という見せる場所とする、実際に社員が働く現場を見ながら、ソリューションを実感すること。

（活かすべき強み）
〇法人企業向けビルダーとしての空間建築づくりのノウハウと実績多数
〇建築系、インテリア系、福祉住環境系、理学療法士、スポーツインストラクターの各種多彩な有資格者の存在
〇ゴルフ練習場・フィットネス事業の基盤を活かした法人契約会員向けのサービス企画力
〇十分な自社立地スペースと遊休の第３倉庫（247㎡）
〇自社運営の販促ツール、ＳＮＳ等による社内外への発信アイテム

（ビジネスチャンス）
〇法人企業のコロナ禍対応による空間様式の変化（全国に対して当地のテレワークや在宅勤務の実施の低さから、職場内でのコロナ禍対応に需要があると予測）
〇コロナ禍で一層高まる個人の健康意識や志向の変化、安心安全かつ充実した働き方
〇県内企業の健康経営優良法人認定の伸び（鳥取県認定数.2022　34件→72件）

≫ 05 | おわりに－経営力再構築伴走支援モデルを踏まえて

　この「プロジェクトに並走してプロセスをファシリテートする伴走支援」は、リーダーを育成しながら、支援企業に深く踏み込んで現場と共に方向性を定め、課題に取り組み、その活動プロセスをファシリテーションして最適解を考え、プロデュースするものです。

　この支援の意義は、①支援先企業自身の変革マインドを引き出すこと、②実行可能で現場の納得感のあるゴールを決めること、**③支援者が姿を消しても（頼らずとも）現場の自分たちで続けられること**です。そして、懸樋工務店のプロジェクトで実践しました。

　事例では、若きリーダーがチームの進むべき方向を示し、メンバーをまとめました。正に、変革型リーダーへの第一歩を踏む出すことになります。そして、プロジェクトチーム（経営者、現場、支援者）の一体感、疾走感、達成感、成長感を得ることができ、メンバー全員が充実感あふれる取り組みとなりました。さらに、この取り組みを一過性のもので終わらせず、この成果を再投資して変革マインドを定着させます。今後、各現場が自己変革力を手にし、組織全体に広く変革のムーブメントが起こることが期待されます。真の変革は、人と組織の内面から起こると言われます。**自律的に変革し続ける組織**こそが、私が目指す究極の姿です。

　このプロジェクトで、社員の自律的な成長が見られました。私は、プロジェクトをファシリテートすることで人が育つことを改めて実感し、**プロジェクトチームとは、人を育てる最高の環境**だと身をもって感じました。**プロジェクトには人の意識や行動を変える力がある**と思います。プロジェクトの成功に加えて、そんな副産物が手に入ったら支援冥利に尽きます。何事も大切なのは**「場づくり」**と**「仕掛け」**ではないかと思います。そして、支援者がいなくなってもプロジェクトを自律的に回すことができるような仕組みづくりが経営支援では大切な点となります。

　中小企業庁の最近の動きとして、令和4年3月、伴走支援の在り方検討会での議論が行われました。その結果、「経営者が、本当の経営課題は何かということに向き合い、気づき、自分たちが進むべき方向に腹落ちしたとき、潜在的な力が引き出される」こと、経営者をそのように導くためには**それに適した効果的な支援方法**を講じるべきことが確認され、この検討を踏まえ、経営力再構築伴走支援が提唱されました。経営力再構築伴走支援モデルは、経営者等との「対話と傾聴」を通じて、事業者の「本質的課題」に対する経営者の「気づき・腹落ち」を促すことにより「内発的動機づけ」を行い、事業者の「能動的行動・潜在力」を引き出し、**事業者の「自己変革・自走化」**を目指す支援方法です（引用：「経営力再構築伴走支援ガイドライン」中小企業庁）。

【経営力再構築伴走支援モデルのフレームワーク を一部加筆】

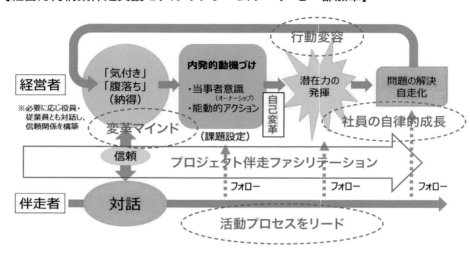

　この経営力再構築伴走支援モデルを踏まえつつ、事業者の「自己変革・自走化」へ導く効果的な支援手法の一つとして、本論では「プロセスに軸足を置いたプロジェクトによるファシリテーション型支援」を提案します。本案が、支援先企業の置かれた状況や抱える課題に応じて有効に実践され、その成果が広がるようなことがあれば幸いです。

届け、沖縄の底力！
―地域とともに課題に立ち向かった3年を振り返って―

城間　康平

独立行政法人中小企業基盤整備機構
沖縄事務所　主任

高北　健太

独立行政法人中小企業基盤整備機構
企画部イノベーション助成グループ　主任

安居　貴

独立行政法人中小企業基盤整備機構
販路支援部マッチング支援課　課長代理

要　旨

　独立行政法人中小企業基盤整備機構（以下「中小機構」という。）は、経済産業省所管の、国の事業の自立的発展や継続を目指す中小・小規模事業者・ベンチャー企業のイノベーションや地域経済の活性化を促進し、我が国経済の発展に貢献することを目的とする政策実施機関です。地域の自治体や支援機関、国内外の他の政府系機関と連携しながら中小企業の成長をサポートしています。本部を含め、全国に11拠点展開し、研修施設である中小企業大学校を9校展開しております。

　沖縄事務所では、中小機構の全国ネットワークを活用し、地域と連携した面的な広がりを目指す取組みに注力しております。

　コロナ禍で大打撃を受けた沖縄県内の事業者に対し、特に販路開拓を中心とした課題を、中小機構のメニュー内で完結させるのではなく、地域を巻き込んだ取組みにすることで広がった可能性や、地域の底力が見えた事例をご紹介します。

≫01 | はじめに（沖縄県の流れ）

　「沖縄県は観光立県である」それは言わずもがな認知されていることだと思います。

　入域観光客は毎年右肩上がりに増えていき、2018年には1,000万人を突破し、ハワイを超えたともいわれていました。

　そんな中、2020年、新型コロナウイルスが全世界を震撼させます。全世界的に人々の往来は禁じられ、観光立県である沖縄県は、強烈なダメージを負いました。

　2018年度には入域観光客数：1,000万人（うち外国客300万人）、観光収入：7,340億円であり経済は絶好調でしたが、2020年度は入域観光客数：258万人（うち外国客0人）、観光収入：2,485億円と激減（出所：「沖縄県観光要覧」沖縄県文化観光スポーツ部観光政策課）。まさに好景気からの急転直下で、コロナ前までは観光客を捌くことで手一杯だった沖縄県内の事業者は、収入が激減しました（出所：「中小企業景況調査」中小機構）。

業況判断DI（都道府県別）

都道府県	2019年				2020年				2021年				2022年				2023年
	1-3月	4-6月	7-9月	10-12月	1-3月	4-6月	7-9月	10-12月	1-3月	4-6月	7-9月	10-12月	1-3月	4-6月	7-9月	10-12月	1-3月
全国	▲14.9	▲15.5	▲16.6	▲21.1	▲24.4	▲64.1	▲34.1	▲26.1	▲29.5	▲26.2	▲28.4	▲23.5	▲26.6	▲14.4	▲19.5	▲22.9	▲13.7
沖縄	4.8	9.1	3.8	0.8	▲7.9	▲64.8	▲39.1	▲15.9	▲26.3	▲29.2	▲29.5	▲9.6	▲18.4	3.3	1.1	▲5.3	8.9

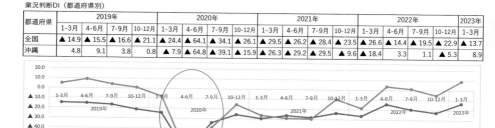

出所：中小機構　中小企業景況調査より加工

　コロナの感染状況も、島嶼県ゆえに一度蔓延すると収束するのにかなり苦戦を強いられ、10万人あたりの感染者数は第8波まで常に全国1位と報道されていました。

　補助金や助成金だけでは到底追い付かずに、事業規模の縮小や廃業を余儀なくされた事業者も多く、支援者からも「あの企業がここまで、、、」と業況の悪化は誰にも止めることはできませんでした。

　そんな中、我々中小機構では、売り先がなくなった県内事業者への支援策として、コロナ禍となり課題にさらされる中小企業に対し、どのような支援を行い、地域に貢献できるか、検討することにしました。

≫ 02 | プロジェクト支援から地域面的支援へ

　具体的な取組みの紹介の前に、中小機構沖縄事務所についても少しだけ触れておきます。

　中小機構沖縄事務所は、2005年4月に開所して以来、新連携、農商工連携、地域資源活用事業の法律認定のもとに新商品開発のためのブラッシュアップや販路開拓のためのマーケティング支援を中心に行ってきました。特に、出口戦略の一環として、中小機構のネットワークを活用し、食品を中心とした、大都市圏への販路開拓に向けた商談会を開催してきました。

　しかしながら、法改正を受け中小機構としての支援のあり方を模索している中、コロナ禍に突入したこともあり、事業の枠組みを抜本的に見直すこととなります。

　全県にわたり甚大な影響を受けており、中小機構だけでは立ち向かえないため、中小機構の持つ資産を地域でどう活かすか、検討を始めました。

　一方で沖縄事務所は所長を含めプレイヤーが4名しかいない小規模事務所です。ひとりで複数事業を担当することが多いため、知恵を絞るしかありませんでした。

　限られたリソースで地域に貢献するためには、
① 　地元事業者のネットワークにアプローチするため、地域を巻き込む。
② 　公的機関特有の縦割りの業務実施体系に捉われず、中小機構の施策を横断的に活用する。
③ 　地域支援機関と連携することで、支援の広がりと深さを確保する。
　沖縄事務所に職員や様々な事業を担当する専門家が集結し、事業の枠組みを超えて意見を出し合い、地域に対し具体的に何ができるのかを皆で考えました。

≫ 03 | 地域との協業(石垣の例)

　まず初めに各市町村の役場や商工会へ出向き、地域及び地域の事業者が抱えている課題を確認することから始めました。

　各自治体を巡回している中、2021年3月、事業者支援に対して常に前向きに、「何かできないか」「何かしてあげられることがあるのではないか」を本気で考えている石垣市や、石垣市商工会職員との出会いがありました。

　石垣島は、コロナ前の観光客は年間140万人を超えるほどで、観光客への商売が中心でした。コロナ禍に入ると55万人程度まで落ち込み、街中には人が歩いていないような時期が長く続いたことで、沖縄本島よりも更に深刻な影響がありました。また、沖縄本島から400km以上離れている離島で、輸送コストも高く、島外への販路が弱く、島内での売り先がなくなりました。

　そこで、市や商工会の職員の方と対話を重ねました。市や商工会の職員は、よく事業者のお話を聞いており、私たちがお話をお聞きすると、新たな販路開拓以外の課題も次々と出てきました。

① 　観光客が来島しないために、販路がなく、農林水産物は廃棄する状況である。

② 　移住者してきたフリーランサーへの支援策がないことを課題に感じている。

③ 　税関空港である石垣空港が活用できておらず、海外輸出ができない。

④ 　SDGs未来都市に選定されているが、経済領域での具体的な取組みができていない。

　こうした課題に対し、中小機構として、市として、商工会として何ができるかを検討し、議論の中でその解決に向けた整理をしていきました。

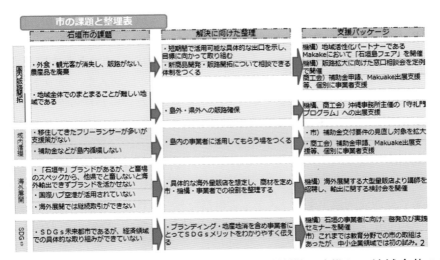

中小機構のツールだけではなく、市内の支援機関と連携し、地域全体の支援体制を構築し、スクラムを組んで「地域活性化プログラム」を2021年6月に立ち上げました。

2021年3月に走り始めた本プログラムが、わずか3カ月足らずで発表ができたのは、市長をはじめ、地元の熱意によるものでした。

これは年度を通したプログラムが終了した後に気付くことなのですが、1番重要なことがこの時に合意形成できていました。それは、「市（地域）が主体的な立場で活動し、各機関がそれぞれの特徴を発揮するように役割を決めること」です。

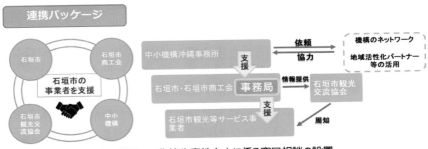

1 新規販路開拓・商品開発、IT化等生産性向上に係る窓口相談の設置
2 国内販路開拓支援スキームの構築支援
3 国内外販路開拓商品評価会・商談会への出展支援
4 海外販路開拓・税関空港の活用検討研究会
5 SDGs啓発・実践セミナーの開催

　パッケージ化したプログラムの中で、1番大きな成果を上げたのが、国内販路開拓支援スキームの構築支援です。これは、支援パッケージを決めていく中で、明確に役割分担ができ、それぞれの機関の力が発揮できた支援策です。

　具体的には、株式会社マクアケ社が展開する「応援購入型プラットフォームMakuake」内にて「石垣島フェア」を開催しました。いわゆるクラウドファンディングのプラットフォーム上で特集ページを組んでもらうことで流入数を増やし、販路を広げるという目的です。

　Makuakeを活用した背景としては、中小機構の事業で、「地域活性化パートナー」という制度があります。これは、大都市圏や全国規模で活動する流通事業者や観光関連事業者、メディア事業などと連携し、商品ブラッシュアップや販路開拓支援を行う制度で、マクアケ社にはここに登録いただいたことから連携が実現しました。

　販路が激減したという課題に対し、中小機構のネットワークを提供したわけですが、事業者のフォローでは、市と商工会の役割が非常に重要になりました。域内循環の支援という観点から、市が発する補助金の対象について、島内のフリーランサーが制作する本フェアのプロジェクトページ制作費用も対応可能にし、その申請について商工会の指導員がバックアップするという構造を作りました。市も、商工会も主体的に本気で取り組んでくれたことで、大反響を生みました。結果としては、以下の通りです。

・出展プロジェクト数：23件（複数連携体含む31社参加）
・フェア開催期間：2ヶ月間

・応援購入総額：14,129,498円（目標総額：7,412,500円、達成率190.6％）
・応援購入者数：1,930名（延べ数）

　全47都道府県より応援購入者を獲得することができ、地域別の購入者においても、沖縄県外の購入者が87.3％となり、「県外への新たな販路開拓」という当初の目的も達成することができました。

　そのような中でも、とりわけ商工会職員によるフォローが、今回のプログラムの肝となりました。平均年齢70歳を超える9事業者(個人事業主)で構成する団体からの申込がありましたが、基本的にネット上でのやり取りとなるクラウドファンディングにおいて、申請手続き、ページ制作、写真撮影等を行える方がおりませんでした。商工会の指導員の方との打ち合わせを重ね、マクアケ社とのやり取りの都度、アドバイス、手続きのフォローをし、無事にプロジェクトを実行、最終的には目標達成まできめ細やかなサポートをしていただきました。地域の事業者を中小機構だけがフォローするのではなく、地元支援機関がフォローすることでミスマッチを防げることが学べました。

　また、当初想定していなかった効果も発見することができました。
・BtoCの販路開拓として開始した本フェアは、企業のバイヤーも注目しており、BtoBでの商談につながった。
・プロジェクトページを仕上げることで、自らの魅力やこだわりや強みを棚卸して伝えることができ、商談の場で商品シートとして活用できた。
・新たに獲得したファン層のアンケートをもとに新商品開発につなげた。

　これらのことは、我々に大きな学びとして残りました。
①　地域と連携することで、支援の幅が広がる。
②　地域の魅力を伝えることで離島ハンデを乗り越えることができる。
　そして、販路開拓メニューの体系化に大きなヒントとなりました。

≫ 04 | 販路開拓メニューの体系化

　中小機構沖縄事務所では、出口戦略の一環として、守礼門プログラムと題し、「食品」「非食品（ライフスタイル雑貨）」「地産地消」「海外輸出」の4つをテーマとして、新たな販路開拓支援を実施しています。

　守礼門プログラムは、商談の場を提供するだけでなく、事前セミナーからバイヤー紹介、商談会に向けた個別相談、商談後のフォローアップまでを一貫したプログラムとして体系化することで、商談の成約率を高めるとともに、今後の商品開発や改良のための気付きを得る機会となることを目的としています。他の商談会では、商談先のニーズと合わない場合には手ごたえ無く終わってしまうケースも多いかと思いますが、守礼門プログラムでは商品評価会としての役割もあるため、どのように改良すれば県外でも通用する商品となるのか、どのような販路先がマッチするのか、などバイヤー目線で丁寧にアドバイスを受けることができることも大きな特徴です。

　当初は、新連携、農商工連携、地域資源活用事業の法律認定の支援先に対する県外向けの販路開拓支援として、県外のバイヤーを招き、守礼門プログラム「食」の商談会を実施したことが始まりでした。その後も毎年継続的に商談会を実施していましたが、依然として対象は認定支援先が主であり、門戸は限られたものでした。

　大きな転機となったのは、前述の通り法改正と新型コロナウイルス感染症の拡大でした。法改正により、守礼門プログラムを誰のため、何のため、どのような目的で開催するのか、再整理する必要性があり、継続が危うい状況となってきました。一方で、新型コロナウイルス感染症の拡大により、国内および国外の観光客が激減したことから、観光市場を大きな柱としていた沖縄の県内事業者は大きな打撃を受け、観光市場以外の新たな販路開拓の必要性に迫られていました。

　そこで改めて守礼門プログラムの意義を見つめなおすとともに、中小機構沖縄事務所独自での取組みや特徴と中小機構という組織の持つ強みを掛け合わせることで、守礼門プログラムを再構築することに取組みました。中小機構沖縄事務所では、継続的に実施していた「食」の商談会に加えて、2020年度にはコロナ禍における販路開拓支援として、香港・台湾をターゲットとしたオンライン商談会と県外をターゲットとした「非食品」のオンライン商談会を独自に実施するとともに、沖縄総合事務局と連携して県内ホテルをターゲットとした商談会を実施していました。

　その時点では単なるイベントとしてバラバラに行っていたものを、改めて

「守礼門プログラム」と再定義して、販路開拓支援のひとつの大きな柱に据えることにしました。また、全国組織であることの強みを活かして、中小機構の保有する全国ネットワークをフルに活用するとともに、対象者についても垣根を取り払うことで、沖縄県内事業者全体を対象とした新たな守礼門プログラムの体系化を図りました。

　守礼門プログラムでは、4つのテーマで、県外、県内、海外と事業者が目指す新たな市場へチャレンジできる場を設けています。また、更なる高みのステージ（FOODEX、スーパーマーケットトレードショー、ギフトショー、沖縄大交易会　等）を目指すためのステップとして役割も果たすことができると考えています。

これまでの販路開拓支援状況のヒヤリングを行うと、「その他の商談会等は一過性のイベントで終わってしまうケースも多く、次につながらない、何も残らない」と事業者や支援機関の方からの声が聞こえてきました。
　そこで守礼門プログラムでは、単なる商談会の開催ではなく、事前の学びの場も大事にして再設計しました。商談会というひとつのゴールがあるからこそ、事前の学びにおいても明確な目的意識と強いモチベーションを持ってご参加いただけるため、吸収度はより高いものになると考えています。守礼

門プログラムにおける各商談会の事前セミナーでは、今更聞けないような基礎の部分から改めてお話しています。過去に県外や海外への販路開拓にチャレンジしたものの上手くいかなかった事業者の中には、どこで躓いたのか、なにが問題だったのか、わからないままチャレンジを諦めてしまった方も多いと思います。守礼門プログラムでは目標までのステップを細かくすることで、どこで躓いたのか、何が問題だったのか、を振り返りやすくしているため、商談会自体の成果だけでなく、商談会後においても自社内にノウハウや経験という資産を残すことができます。

　守礼門プログラムが地域の受け皿となり、商談会での成果およびその後の継続的な販路開拓や商品改良における効果を高めるためには、石垣での地域活性化プログラムで経験したように、日々事業者の一番近くで伴走支援をしている地域の支援機関の方々と連携を更に深めていくことが必要だと感じています。商談会前の準備や商談会でバイヤーからもらったアドバイスを行動に移すにあたって、事業者を一番知っている支援機関の方々のサポートは必須だからです。

　実際にあった2022年度の海外向けのプログラムでの一例を紹介します。商談会本番の２週間前に実施した模擬商談において、バイヤーから「資料として商品の一覧がわかるものと見せながら商品説明をしたほうが良い」とその事業者はアドバイスを受けました。模擬商談が終わるとすぐに日頃から相談に行っている支援機関に向かい、そこの担当者と一緒に紹介資料を作成され、模擬商談２日目にはその資料を用いて説明をしていました。商談会当日もその資料を活用して商品説明を行い、商談会後にはテスト的ではあるものの初めての海外輸出に成功することができました。

　また、守礼門プログラムにおいては、バイヤーの質も大きな特徴です。沖

縄の事情を理解し、事業者に寄り添い、一緒に成長するという視点で丁寧な商談をしていただけるので、商談会初心者の事業者も安心して商談に臨めます。一方で、年商が数百億、数千億の大きな企業も参加しており、ボリュームを求めた商談もできます。小売、卸売、通販など業種も様々で企業規模も様々なため、事前説明会を実施して各バイヤーの特徴や求める商品などを参加事業者に丁寧にお伝えし、ミスマッチを防ぐとともに商談に向けたイメージができると参加事業者からも好評をいただいています。

　守礼門プログラムを再構築し、新たな体系化を図ったことで、地域の支援機関との結びつきも以前より強くなり、事業者へのリーチの幅も広げることができました（新規参加者約半数）。また、参加いただいたバイヤーおよびサプライヤーの方々からも高い評価をいただいております。

　とはいえ、まだまだ「守礼門プログラム」に対する地域や事業者の認知度は低いと感じております。2022年度、沖縄県内の市町村宛に調査したアンケート結果では、「守礼門プログラム」についてはほとんど知られておらず、地域で実施される商品開発や販路開拓の出口支援として活用されていないことがわかりました。守礼門プログラムが地域の受け皿となるためには、もっと自治体、支援機関、事業者に知ってもらえるよう周知活動をてこ入れするとともに、地域との連携を更に深めた内容に守礼門プログラム自体をブラッシュアップしていくことが今後の課題です。

≫ 05 ｜ トライアルから学んだもの

　前述の通り、商談会を一過性のイベントで終わらせないためには、その後のフォローアップも必要だと考えていました。

　商談会で得た経験をもとに、商談したバイヤーの店舗で実際に自社の商品を並べてみたらどのように見えるのか、売れ行きはどうなるのか、を実感してもらうことで、今後の販売戦略に役立てることができるのではないかと思い、首都圏での実店舗における期間限定でのテストマーケティングを新たな試みとして実施しました。具体的には、ライフスタイル雑貨においては、東京渋谷のMIYASHITA PARKのTHE Editorialで開催し、食品においては、神

奈川の武蔵小杉および桜木町の大野屋商店にて開催しました。

　事前に販促物やプライスカードの作成、SNSなどでのPRに取り組んでいただいたほか、会期中には店頭の様子を確認し、客観的な視点で自社商品をみることで、様々な気付きを得ていました。会期後にはバイヤーからのフィードバックを真摯に受けとめており、一定のテストマーケティングとしての成果が見られました。

　一方、沖縄フェアとしての定番品は少なく、素材や製法にこだわりのある商品が多かったことから、売上自体は満足のいく結果には至らず、首都圏で沖縄の商品をどのように見せていく必要があるのか気付きを得ることができました。

　このテストマーケティングで期待していたことは、「商品が売れた、売れなかった」で終わらせるのではなく、なぜ売れたのか、なぜ売れなかったのか、どのようにすればもっと手に取ってもらえる商品になるのか、等について事業者自身が考えるきっかけとなることでした。

　学んだ事としては、以下の通りです。
①　テストマーケティングの意図を事前に十分に参加者と共有できなかった。
②　実店舗でのテストマーケティングでは、時期やその店舗の持つ客層、商品構成に影響を受ける。
③　商品の魅力等が伝わらないと評価されない。

　特に、「伝える」ことの重要性に気づけたことは最大の収穫と言えます。今回の出展商品についても、事業者が直接店頭に立ち、商品説明をしながら実演販売していたら、結果は大きく変わっていたでしょう。今回売り上げがついてこなかった要因は、その商品の魅力や価値を伝えることが十分ではなかったことだと思います。販促物やパッケージデザインなどを工夫し、誰も店頭に立たなくても商品の魅力や価値が伝わるようにすることで、商品を手に取ってもらえる可能性が高まり、商品の売上にもつながる、ということを実感しました。

　大手企業の量販品に比べると地域の中小企業者が製造する商品はどうしても価格が高くなりがちだと思います。何もない状態で店頭に両社の商品が並んでいれば量販品のほうが安価なため手に取られやすいはずです。ただ、そ

の素材や製法についてのこだわりや想いなどを上手く伝えることができ、その価格に見合う価値があると消費者に感じてもらうことができれば、安売りせずとも量販品と勝負ができるのではないでしょうか。また、そのこだわりや想いは、消費者にも共感を生み、ファンとなって長く付き合える関係性を構築することも可能だと思っています。それは沖縄に限った話ではなく、全国の各地域での特色ある商品についても同様だと思います。

≫ 06 | 更なる地域への波及

　守礼門プログラムは、体系化して支援体制が整ったことにより、首都圏の有名大型スーパーのバイヤーも招聘できるようになってきました。本商談会をきっかけに、地域商社とのマッチングが進み、店頭での沖縄フェア開催へと発展しました。2023年度においても、これまで参加が叶わなかった、ハードルの高い高質スーパー等のバイヤーを招聘でき、出展するサプライヤー事業者の商品開発、商談スキルなど一定のレベルアップが望めます。これは、中小機構だけでは決してレベルアップできるものではなく、地域の自治体や支援機関と連携することで発揮できることだと感じております。

　テストマーケティングについても、前述の経験をふまえ、市場に流通させる手前でのテストマーケティングとして、石垣で行ったMakuakeのフェアを全県に広げ、オンライン催事沖縄フェア「＃沖縄MONO」を展開しました。これも、沖縄県商工会連合会や、沖縄県商工会議所連合会、沖縄県よろず支援拠点と連携し、事業者への周知から、プロジェクトページ制作のアドバイスまで、幅広く細やかな支援をしていただいたことによって成立しました。
　「＃沖縄MONO」は2023年9月末に終了したばかりの企画で、2023年10月に開催する守礼門プログラム「食」の商談会・評価会にて、初めてテストマーケティングの結果をお披露目する取組みとなっております。プロジェクトページという資産が、バイヤーへのプレゼン資料として活用できるかどうか、これは沖縄事務所のチャレンジでもあります。
　また、2023年度の守礼門プログラムでは、事前セミナー等の学びの場において、「価格転嫁」をテーマに展開しております。製法やデザイン、量目調整

など、高く売れるための工夫の仕方等を支援し、マーケットインの考え方を商談の前から浸透させることで、よりよい商談、販路開拓が実現するよう、取り組んでいます。

≫07 | これまでの活動を通じて

こうした取組みに参画することで、事業者自身が成長していく過程を見られたことに非常にやりがいを感じましたし、プログラムを進めていく中での気付きや反省点を次につなげることで、自分自身の成長も感じることができました。地域とつながることで、中小機構単独では決してできない支援の拡がりが得られたことは大きな財産となりました。

今後は、中小機構の取組みが地域全体の出口として認知・活用されること、また、その年度毎のトレンドや経済情勢を加味し、事業者にどうなってほしいか、何を届けるかを常に模索し続けていきます。2020年度以降大切にしてきた「地域とのつながり」を常に意識し、地域の更なる発展に寄与するよう、全力で取り組んでまいります。

事業協同組合へのデジタル化支援と支援機関の役割

—防火施工管理ラベル・防炎ラベルの申請発給業務のデジタル化支援事例—

渡邉 信

神奈川県中小企業団体中央会
組合支援部 主幹

小野間 明子

神奈川県中小企業団体中央会
活性化支援部 主幹

要 旨

　我が国は、少子高齢化や労働者不足という大きな課題に直面しております。そのような背景から、中小企業における生産性向上の必要性が増しており、デジタル化がその打開策の一つとして注目されています。そして、それを支援する支援機関においても、中小企業のデジタル化を伴走支援で進めるための方策を模索していると思われます。

　私たちが所属する神奈川県中小企業団体中央会においても、重点支援項目として、中小企業や業界団体のデジタル化を掲げており、支援先の生産性向上や業務改善を図るべく、日々努力をしております。

　本支援は、事業協同組合が行う防火施工管理ラベル・防炎ラベル申請・発給業務のデジタル化を実現したもので、私たちが有する、様々なノウハウを駆使して実現しました。

　本レポートは、支援の経過を記すとともに、中小企業のデジタル化を伴走支援するにあたっての支援機関の役割を考察したものです。

≫ 01 ｜ きっかけと本会支援体制

・神奈川県中小企業団体中央会とDX支援について

　神奈川県中小企業団体中央会は、業務推進部、組合支援部、活性化支援部、情報調査部の４つのセクションに分かれており、令和３年度より現在の組織体制となっております。うち、組合支援部は、業種ごとに商業チーム、工業チーム、そして私たちが当時属していた建設チームに分かれており、主に建設関連業種及び運送関連業種を担当しておりました。本支援を実施した令和４年度は、本会の支援テーマとして組合及び中小企業のDX（デジタルトランスフォーメーション）化が事業計画に盛り込まれ、セミナーや広報誌を通じた各種情報提供を行っていました。

・組合からの相談

　本支援の対象となった神奈川県室内装飾事業協同組合は、神奈川県内の内装工事事業者及びインテリア商品販売業者約２００社超により構成されている組合です。

　当組合では、「防火壁装施工管理者講習会」を受講し「壁装施工管理者」として登録した組合員の壁装施工に際し、申請のあった防火施工管理ラベルを発給する業務を行っています。また、消防庁長官によって「登録表示者」として登録された業者が付する防炎ラベルを発給する業務も行っています。

　防火施工管理ラベルとは、壁・天井等の防火性能を表示するために貼るラベルで、1区分(1室)ごとに2カ所以上貼付して表示することとなっています。また、防炎ラベルとは消防法に定められた防炎性能を有するものを証明するラベルで、不特定多数の人が出入りする施設、高層建築物、地下街、劇場、病院、高齢者福祉施設等の建築物で使用されるカーテン、じゅうたん等は、防炎性能を持つ「防炎物品」の使用が義務付けられています。

防火施工管理ラベル

防炎ラベル

　これら２つのラベルの申請及び発給については従来、手書きの紙と郵送の手段により行われており、特に防火施工管理ラベルの申請について、組合員は、一般社団法人日本壁装協会がWebにて公開している壁紙品質情報検索システムで商品番号から認定番号を確認し、それをラベル発給申請書に手書きして、郵送で当組合に送付していたことから、大きな手間と時間を要していました。

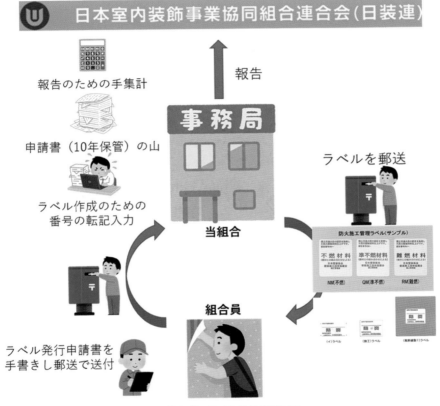

システム導入前のラベル発給業務フロー

　その他、ラベルの申請及び発給について下記の課題がありました。
【組合員（申請者）側の課題】
・申請書には手書きの記載が多く、時間と手間がかかる
・認定番号の確認や郵送手続きが発生することから、現場では作成できないため、事務所に戻ってから作成することから残業が発生する

・郵送のため、組合の申請書受領まで時間がかかる
・返送された申請書控の保管が困難である
【組合側の課題】
・取扱及び保管すべき紙の量が多い
・発給履歴の照会があった場合、膨大な紙の量のため検索が困難である
・手書き記入文字が読み取りづらく、発給ミスの恐れがある
・急ぎのラベル発給の対応が困難である
・毎月の集計作業が手集計となりかなりの労力がかかる
　そこでこれらの課題を解決するために、申請・発給業務の電子化ができないか、当組合の事務局担当である渡邊英和専務理事より相談を受け、本会にて支援することとなりました。

》02│ 支援内容が決まるまでのプロセス

　支援の方向性を決定するには、下記の４つの要件をあらかじめ検討する必要がありました。

（１）利用体制（神奈川県室内装飾事業協同組合が単独で実施するか他県の組合と連携して実施するか）の選択
（２）予算の捻出
（３）今後の継続方法
（４）メンテナンス性の確保

　このうち、特に重要なのは（１）の利用体制の選択です。
　防火施工管理ラベル、防炎ラベルの仕組みは全国で共通となっており、各県の組合ごとに別の発給システムを構築することは非効率です。また、ネットワーク経済性により、クラウドサービスは利用者が増えれば増えるほど、個々の利用者の利便性が増し、一方で、サービス提供コストは低減します。結果として、デファクト・スタンダード（事実上の標準）となることも期待できます。
　また、単独の組合で実施する場合、予算面での負担も大きくなることは明

白でした。さらに、各県で共通のシステムを利用することで災害等の発生時に他の県がラベル発給を一時的に代替できるという利点を考慮すると、BCPの観点からも神奈川県単独で実施するよりも、他県の組合と連携して実施する方が効果的であると考えました。

　そこで、神奈川県のみの利用ではなく、まずは関東圏広域での利用による利用者の拡大を企図し、渡邊専務理事のご尽力によりラベルシステムの構築・利用目的として、関東圏の単独組合を構成員とした『日装連関東ブロック会ラベルシステムネットワーク』を発足することにしました。

『日装連関東ブロック会ラベルシステムネットワーク（以下、ラベルネットワーク）』
・神奈川県室内装飾事業協同組合（幹事）
・群馬県室内装飾事業協同組合
・埼玉県室内装飾事業協同組合
・三多摩室内装飾事業協同組合（現在は脱退）
・東京室内装飾事業協同組合

　（2）の予算の捻出については、まず、クラウドサービスを利用する場合に必要となるランニングコストとシステム自体を構築するためのイニシャルコストの試算から始めました。ランニングコストについては前述のラベルネットワークにて費用を分担することが可能なため、単独の組合で負担するよりもコストを低減することが可能です。しかし、イニシャルコストをどのように捻出するか、という課題がありました。この課題に対し、私たちからの解決策の提案は2案ありました。1つは、全国中小企業団体中央会の補助事業である『中小企業組合等課題対応支援事業』の活用です。もう1つは、厚生労働省の助成事業である『働き方改革推進支援助成金（団体推進コース）』の活用です。今回は、システム構築のイニシャルコストが助成上限を超えなかったため、実質的にイニシャルコストの負担が大きく軽減する『働き方改革推進支援助成金（団体推進コース）』の活用を選択しました。

　（３）の今後の継続方法については、ラベルネットワークを構築し、運用に際して共通したルールを確立することで継続した安定運用を可能としています。

　（４）のメンテナンス性の確保については、クラウドサービスを利用することで、組合事務局側でのアップデート作業などについての省力化を図ることが可能となりました。

》》03｜ 具体的な支援

　支援内容を決定し、本会で下記のような具体的な支援を実施しました。

（１）支援ツールの選定と試用（デモ）環境の提供→電子化後のイメージを共有（アジャイル開発）

　まず、課題解決のためのツールを選定しました。今回、ベースとなるクラウドサービスにはサイボウズ株式会社のkintoneを選定しています。

　本会では、2020年４月から会員組合を含む顧客名簿や支援実績の管理、内部起案の電子決裁、職員の勤怠管理等についてはkintoneを利用しており、導入やシステム構築については一定のノウハウがありました。

　そのノウハウを活かし、まずは試用（デモ）環境を構築して防火施工管理ラベル申請のためのアプリケーションを試作することで、電子化した後のイメージを渡邊専務理事と事前に共有することが可能となりました。また、このデモはITベンダーとイメージ共有する上でも非常に有効でした。

　本会においてデモ環境の構築や提供が可能となった理由は、①多くのクラウドサービスが無料の試用期間を提供していること、②kintoneや拡張機能の追加にはノーコード開発が主流となっていること、③開発手法として計画→設計→実装→テストを機能単位で繰り返すアジャイル開発が可能なこと、④本会において既に導入しているクラウドサービスであったこと、の４つの理由が挙げられます。

（２）ITベンダーの選定支援（過去実績、予算、誠実性）

　次に、実際にシステムを構築するITベンダーの選定を行いました。今回の

申請システムでは、神奈川県室内装飾事業協同組合の上部団体である日本室内装飾事業協同組合連合会に対して予め定められた様式にラベル申請内容を出力しなければならないため、帳票出力が必要となります。kintoneの帳票出力機能にはいくつかの種類がありますが、コストと性能を考慮して選定した帳票出力機能について開発実績のあるITベンダーを選定しました。

（3）助成金の申請支援

　前述の通り、本支援においては、システム構築のイニシャルコストが助成上限を超えなかったため、『働き方改革推進支援助成金（団体推進コース）』の活用を選択しています。

　当該助成金を神奈川労働局に申請するに際し、交付申請書作成の支援を行いました。

　本支援では当初、防火施工管理ラベルの電子申請化のみをターゲットとしておりましたが、実際にシステムを試用した組合員からの要望により防炎ラベルの電子申請システムを追加で構築したため、変更申請を含めて2回の申請を行っております。

　申請書作成の支援だけではなく、申請に必要な書類の確認、神奈川労働局との連絡調整などの全般的な支援を行い、令和5年3月に支給決定がおりました。

（4）開発時におけるITベンダーとの橋渡し

　一般的に、企業がシステム構築を行う際に直面する課題は、ITベンダーなどの委託業者先に対し、的確にオーダーを行うことが難しいことが挙げられます。この点において躓いてしまうと、オーバースペックなシステム構築や多大なコスト発生の要因になり、企業にとって大きな負担となります。また、ITベンダーにとっても顧客がITシステムをもって実現したいことや、顧客の業務内容を正確に把握しなければ、要求するシステム構築が不可能です。

　本支援においても同様でした。特に当組合とITベンダーの打合せの際は、ITベンダーに対し、「従来の防火施工管理ラベル及び防炎ラベルの発給業務の内容」と「システム化をもって実現したい内容」について、正しくかつ漏れなく把握してもらうために、私たちが内容を整理しながら補足説明等の橋渡

しを行いました。そして、当組合に対しては、ITベンダーからのシステム化に必要な情報やプロセス、アプリケーションの仕組み等の情報や説明を、当組合の目線に合わせて分かりやすく補足し、システム構築が円滑に進むよう橋渡しを行いました。結果、当組合、ITベンダーともにシステム化に向けた情報について十分に理解がなされ、円滑かつスピーディーなシステム構築を実現することができました。

（5）PR支援（デファクト・スタンダードにするための方策）

　今回の支援については、業務のシステム化の他にもう一つのミッションを掲げました。それは、システム自体のデファクト・スタンダード化です。今回構築したシステムは、利用者が多いほど運用コストを低減することができ、かつ長期的な運用のためには、本システム自体をデファクト・スタンダードにすることが不可欠となります。

　そこで私たちが行ったのはPR支援です。具体的には、本システムが本格運用する前に新聞社等の各報道機関にプレスリリースを行いました。結果、令和4年10月27日付の神奈川新聞に掲載され、広くPRすることができました。その他、当組合の専務理事に業界内でのPRを依頼し、各団体での会合の際にPRを行い、業界紙の取材を受けるなど、業界内において話題となりました。

（6）連携体の構築支援（ルール決め、各種規約類の整備）

　先述したとおり、本支援の大きな特徴は、5つの団体がラベルネットワークを構築し、連携して取り組んだことです。連携体で取り組むことは、コスト低減やデファクト・スタンダードにすることについては、大きな利点となります。その一方、ラベル発給についてのルール（例：組合員番号の体系など）が各団体で異なるため、システム構築するにあたり、このルールを統一もしくは擦り合わせを行う必要があり、連携体で取り組むことの難しさに直面しました。ここは、当組合の専務理事と私たちが旗を振り、綿密に5団体合同の打合せを行い、ルールの統一化を図りました。また、ラベルネットワークにおけるシステム費用の徴収方法やメンバー加入・脱退時の対応など、具体的な運用について、各種規約類の整備を行いました。

（7） システム化へのスケジュール

実施事項 ＼ 時期	令和4年										令和5年	
	3月	4月	5月	6月	7月	8月	9月	10月	11月	12月	1月	2月
初期相談	○											
デモ環境提供		○										
ラベルシステム ネットワーク発足			○									
基本仕様検討			───	─								
ベンダー選定					───	─						
助成金申請						○						
システム構築① （防火施工管理ラベルシステム化）						───	─					
システム説明会								○				
防火施工管理ラベル 申請システム試用開始								───	─			
助成金変更申請 （防炎ラベル申請機能追加）									○			
システム構築② （防炎ラベルシステム化）										───	─	
全機能稼働開始												○

スケジュール一覧

≫ 04 | 結果・成果

　本支援の実施により、防火施工管理ラベル・防炎ラベルの申請発給業務の
デジタル化が図られ、組合員及び組合にとって、下記の結果・成果を得るこ
とができました。

組合員：従来、事務所に帰着してから申請を行うため、残業時間が発生し、
従業員にとって大きな負担となっていましたが、施工現場でスマートフォン
を利用した即時申請が可能となったため、労働時間やラベル発給までの時間
短縮や通信費削減に寄与しました。

組合：上部団体である日装連への報告について、従来、ラベル発給に関する

報告集計を手計算にて行っていましたが、集計の自動化により時間短縮が図られました。また、発給履歴のデータ検索が簡便になり、消防署等からの照会依頼に対し容易に対応することが可能になりました。さらに、BCPの面においても他県との連携によりラベル発給業務の代替が可能となりました。

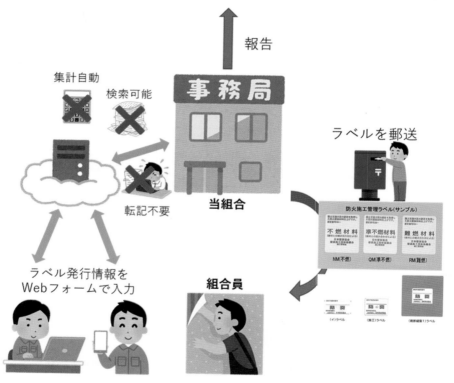

システム導入後のラベル発給業務フロー

（1）利用率

　防火施工管理ラベル、防炎ラベル共に電子申請の割合については、神奈川県において、99％となっており（2023年9月現在）、申請業務の完全電子化に大きく寄与しました。なお、申請件数は月平均で防火施工管理ラベルが50件、防炎ラベルが30件程度です。

（2）助成金

『働き方改革推進支援助成金（団体推進コース）』を申請（令和４年8月申請・11月変更申請）し、令和５年３月に支給決定がなされ、システム化に際しての組合負担が大きく軽減されました。

（3）実際の組合員からの声

システム完成後に周知を徹底し、システム化のメリットを感じてもらったところ、組合員からは非常に好評であり「間違いが無くなり、事務所に戻る必要もないため、とても便利になった」「こんな便利なシステムをなぜもっと早く作らなかったのか」といった声が寄せられました。

≫05│考察

（1）中小企業のデジタル化における支援機関の役割

本支援の実施を通じて、中小企業や中小企業団体へのデジタル化支援を進めるにあたり、支援機関として次のことが重要であると考えます。

①支援先に対し、デジタル化による改善のイメージを持ってもらう

中小企業や中小企業団体は「IT」や「デジタル」という言葉に対し、難しいという先入観を持っているところも少なくありません。そういった中で支援を進めるためには、まず支援先にデジタル化による改善イメージを具体的に持ってもらい、「デジタル化＝業務負担の軽減」という意識を共有することが重要であると考えます。本支援においては、先述のとおり、私たちが蓄積したノウハウを活かし、kintoneの試用（デモ）環境を構築して防火施工管理ラベル申請のためのアプリケーションを試作し、電子化した後のイメージを組合側と事前に共有しました。それにより、具体的な業務改善のイメージを持つことができたとともに、組合においてデジタル化への意欲を高めることができました。

②支援機関のスキルの向上と支援体制の強化

支援先に対しデジタル化を進めるためには、支援者自身がスキルを身につけ、最新技術・情報等にアンテナを張ることが必要であると考えます。支援者に必要なスキルとは以下に挙げたとおりです。

・支援先に導入するアプリケーションの機能や仕組み

　支援先が導入するアプリケーションの選定を支援するのは、支援機関として大きな役割です。そのアプリケーションにどのような機能があり、導入にあたってのメリット、デメリットを整理することは、アプリケーションの選定において重要であるため、これらの知識・情報を得ておくことは、支援者として必要であると考えます。

・システム構築のための専門用語の基礎知識

　システム構築段階において、ＩＴベンダーと複数回にわたり打ち合わせを行いますが、先述のとおり、支援先とＩＴベンダーの橋渡しを行うことは、支援機関の大きな役割です。システム構築にあたって専門用語が飛び交うことは致し方ないことです。一方、支援先がこれらをすべて理解するのは、大きなハードルとなり円滑なシステム構築に支障をきたすこともあります。そのため支援機関が、それらの専門用語の基礎知識を把握し、支援先に分かりやすく伝えることは必要なスキルであると考えます。

・デジタル化後のフォローアップ

　システム導入初期にあたっては、システムを運用する支援先において様々な疑問点が発生します。本支援においても、データの入力方法や組合員からの申請フォームに関する問い合わせが多く発生しました。これらに迅速に対応し、円滑なシステム運用を軌道に乗せるためには、支援機関が窓口となり、内容によっては支援機関で対応することも必要です。

（２）本支援を通じて見えてきた課題

　本支援に携わり、見えてきた課題もあります。

①連携体で取り組む難しさ

　本支援は、５つの団体が連携してデジタル化に取り組みました。連携体で取り組むことは、ランニングコストの低減やシステム自体をデファクト・スタンダード化するにあたって大きなメリットとなります。一方、システム構築段階においては、各団体独自のルールがあり、そのルールをどのように統一するのか、もしくは、どの団体のルールに合わせるのかが大きな論点となり、支援機関としても頭を悩ませた点でもあります。本支援においては、渡邊専務理事のリーダーシップのもと、ルール統一が進みましたが、ここに躓くと

システム構築が大きく後退することもあります。したがって、複数の企業や団体が連携体でシステム化に取り組む際は、特にリーダーや幹事を置くことが重要であることを感じました。

②組合から組合員への周知と利用率

　本支援においてシステム構築は、各組合の事務局を中心に進めてきました。一方、実際にシステムを利用するのは組合員であり、システム構築完了後の組合員への周知が、システムの普及に大きく関わってきます。そこで、本事業に参加した５組合から組合員に向けて、本システムの周知を行うよう依頼を行うとともに、その際に使用するマニュアルも幹事組合を中心に作成しました。しかし、周知の度合いには各団体で濃淡があり、幹事組合である神奈川県室内装飾事業協同組合では、２０２３年９月時点で約９９％の申請が電子で行われている一方、他の団体においてはシステムの利用率にばらつきがあり、組合員への更なる周知による苦手意識の払拭と利用率の底上げが今後の課題となっております。

≫06│最後に

　中小企業における生産性向上が課題となっている今日、業務プロセスのデジタル化はその打開策として注目されております。一方、デジタル化を進めるにあたっては、中小企業や業界団体のやる気はもちろんのこと、それを後押しし、伴走支援する支援機関のスキルも高度なものが求められてきております。各支援機関も「デジタル化支援をどのように行うのか」模索していると思います。しかし、支援機関による伴走支援が、中小企業や団体におけるITに対する苦手意識を払拭し、業務改善や生産性向上につながるものであり、今回の支援は、各支援機関が模索している支援策の答えの一つになるのではないかと思います。

奈良県三輪素麺産地の挑戦

―産地のあるべき姿の実現に向けた取り組み―

栃本　英範

独立行政法人中小企業基盤整備機構
関東本部企業支援部支援推進課　参事

要　旨

　三輪素麺で知られる奈良県桜井市を中心とする三輪地方の素麺産地
では、従来、素麺はギフト（中元）の定番でしたが、贈答文化の縮小、
代替品の充実による売上の減少や素麺の消費が夏場に偏っている構造
から、素麺活用シーンの開拓による需要喚起、売上拡大（回復）が課
題となっていました。

　また、素麺の製造工程は、特に家内工業的に営む生産者にあっては、
手作業での素麺づくりは早朝から準備する必要があるなど労働負担が
大きく、従事者の高齢化や後継者不足により生産者数、生産量の減少
という構造的な問題も抱えています。

　こうした中で、問題解決に向けて一枚岩となった活動が進まないで
いた状況に危機意識を持った産地の生産者、とりわけ若手経営者を中
心とする有志メンバーにより、産地が抱える問題点の共有から、産地
としてのあるべき姿の実現に向けた検討が始まりました。

　本レポートでは、中小企業基盤整備機構（以下、「中小機構」）が支
援に入る形で実施してきた三輪素麺産地活性化に向けた取り組みを紹
介します。

≫ 01 | はじめに

　「日本の麺食文化のルーツを遡れば、そうめんに至り、そうめんの歴史を遡れば、大和の国の三輪（現在の奈良県桜井市）で生まれた手延べそうめんに至る」とされており、長い歴史を持つ三輪素麺は、お伊勢参りの途中で訪れた人々からの評判を呼びながら、特に関西から西日本でその名が知れるとともに、手延べの製法も三輪を起点に播州（兵庫県）、小豆島（香川県）、島原（長崎県）へと伝わるなど、今や手延べ素麺は日本を代表する伝統食となっています。（奈良県三輪素麺工業協同組合HPより）

　このように三輪素麺産地は、多くの生産者が集積した奈良県の伝統ある地場産業として、今日に至るまで手延べの製法や原材料にこだわった高い品質の素麺づくりが脈々と引き継がれ、百貨店をはじめ定番の贈答品として位置付けられるなど多くの消費者から支持、評価されてきました。

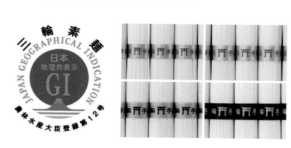

（出所：奈良県三輪素麺工業協同組合HPより引用）

≫ 02 | 支援に至る背景

（1）産地を取り巻く環境

　近年、三輪素麺産地では、特に小規模な事業者において、生産従事者の高齢化や後継者不足の問題から廃業する生産者が増えつつあり、一方で新たに素麺生産に参入する事業者が限られる中で生産者数が減少し、それに伴い生産数量の減少に拍車がかかっています。

　特に、家内工業的に素麺づくりを営む生産者は、自宅と生産工場が一体となっていることが多く、親族の後継者がいない場合に建屋や設備をそのまま

第三者へ承継することが難しいという物理的な問題や、新たに素麺の生産をはじめようとする場合に設備導入の初期投資が多額に上ること、そして手作業での素麺づくりは早朝から準備する必要があるなど労働負担が大きいうえ、素麺づくりの技術を身に着けるためには一定の経験年数が必要となることが事業承継や新たな参入が進みにくい要因となっています。

　また、素麺市場は、国内の人口減少やかつて素麺が大きな地位を占めていた中元をはじめとする贈答文化の縮小、代替品の充実等の影響を受けて素麺消費量の減少が続いているうえ、消費が夏の時期に偏っている構造から脱却を目指して、素麺活用シーンを開拓すべく「にゅうめん」や「鍋素麺」をはじめとする様々な料理法や食材としての提案にも努めていますが、消費量、販売量の底上げには繋がっていない状況にあります。

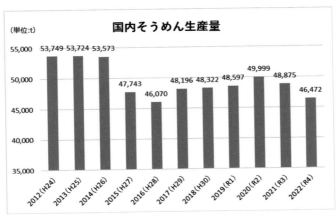

（出所：農林水産省食品産業動態調査より引用）

（2）産地に存在する二つの団体

　三輪素麺産地には、比較的小規模な企業や個人事業主の生産者約60者で構成される奈良県三輪素麺工業協同組合（以下、「組合」）と、比較的規模の大きな企業体の製造販売業者10者で構成される奈良県三輪素麺販売協議会（以下、「販売協議会」）の二つの団体が存在しています。

　組合は、組合員に向けて素麺の原料となる指定粉（小麦粉）の仕入れ・販売（共同購買）、組合員が生産する素麺の検品・仕入れ・販売を主な役割として機能し、個別の生産者がそれぞれ原料調達から素麺販売を手掛けるよりも、

まとめてそれらの機能を担うことで組合員に対する経済面、効率面で便益を提供する役割を担っています。

　販売協議会は、百貨店や大手小売業者等の販売ルート（顧客）を持った生産量、売上規模も大きな事業者が会員となり、会員自ら製造する素麺に加えて不足分を組合から仕入れて流通に乗せていく形で、三輪素麺の商社的な機能も担っています。

　このように組合と販売協議会、言い換えれば規模の小さい事業者と大きい事業者が役割を分担し、協力する形で三輪素麺を市場に供給してきました。

（3）組合と販売協議会の対立

　従来、組合と販売協議会は、相互に補完、協力しながら素麺の生産から流通までそれぞれの役割を担っていましたが、近年は、両者の間で対立する関係が続き、前向きな話し合いの場が持てない状況にありました。

　背景には、2015年当時、冷夏の影響等を受けて素麺の販売量が大きく落ち込んだ際に、商社機能を有する販売協議会において、組合からの購入数量を2割程度縮小する調整が行われた結果、組合が納入（組合員が生産）する予定数量を販売協議会が全量購入しない事態を受けて、両者の関係に亀裂が入ってしまう経緯がありました。

　組合内部では、販売協議会をあてにできないと考えた組合員は、個別に一般顧客に向けた小売強化へのシフトが進み、ここ数年は組合への納入数量の減少に拍車がかかり、組合は販売協議会が求める数量を納入できない状態になっています。更には、かつての納入数量の調整をトラウマに感じて、作りすぎて販売ができないリスクを感じた組合員の中には、組合に納入する意欲、意識が低下し、販売協議会への協力姿勢よりも不信感や不満が先に立ってしまう傾向がありました。

　一方の販売協議会においても、ここ数年は購入依頼数量に対して組合側が十分に供給できない状態が続いたことから自社での生産を強化せざるを得なくなっており、組合への生産能力に対する信頼が低下してしまう構造にもなっています。

　また、組合と販売協議会の取引においては、組合としては少しでも高く売りたい、販売協議会としては少しでも安く買いたいという価格交渉でゼロサ

ムの関係にある中で、市場への流通の大きな部分を依存している組合に対して、販売機能を持った販売協議会側に価格交渉力が偏りがちであったことも両者の対立に影響を与えていました。

（4）対立からの脱却に向けて

　このように、産地内部で組合と販売協議会の対立関係という望ましくない状態が続いていましたが、組合や販売協議会の構成員の中から「このままの対立関係にあっては産地の衰退に拍車がかかる一方であり、将来が見えない」、「組合と販売協議会は、かつての様に友好的に手を携えて取り組んでいくべきではないか」といった意見が示されてきたことに加え、2020年当時の組合理事長、販売協議会会長の両者が産地の将来に向けて歩調を合わせて考えていく必要性を理解し、建設的な会話ができる関係が持てたことを契機に、組合と販売協議会があらためて産地活性化に向けて対話していく端緒が得られました。

　以上の経過を経て、産地の問題解決に向けた取り組みを行おうとするにあたり、両者の代表者を通じて奈良県や桜井市などの地元関係機関にその支援を求め、奈良県を通じて中小機構に支援の相談が寄せられた結果、ハンズオン支援の制度を活用して、産地の活性化、産地のあるべき姿の実現に向けた検討を開始することとなりました。

≫ 03 | 中小機構のハンズオン支援

　中小機構では、中小企業の課題解決や新たな取り組みをサポートするため「ハンズオン支援」と呼ぶ専門家（以下、「アドバイザー」）派遣による支援を手掛けています。

　この支援の特徴は、アドバイザーが主体となって問題の解決策や戦略の検討を行い支援先企業に提示するという一方向的な支援でなく、支援を受け入れる中小企業の社内プロジェクトに対してアドバイザーを派遣し、アドバイザーがプロジェクトの一員として加わる形で支援先企業の役職員と一緒に考え、取り組んでいくことを基本としています。

　これは、課題の把握から解決までのプロセスを自社で遂行できるよう、プ

ロジェクトメンバーとなる支援先企業の役職員自らが主体的に考えて実行していく過程を、アドバイザーがファシリテートしながらノウハウを移転していくことで、支援終了後も企業自ら取り組みが継続できる仕組みづくりに重きを置いているものです。

　支援に際しては、一つのテーマで4か月から10か月の期間を設定し、月1〜2回程度アドバイザーが現地に入ってプロジェクト活動を進めていきますが、開始時にはキックオフミーティング、途中には中間報告会、最後には終了報告会を実施して、プロジェクトメンバーから経営陣らに向けて取り組みの意気込み、進捗、結果を発表する場を設けるなど、メンバーの活動へのコミットと個々の成長に繋げることも意識しています。

　中小企業の育成、成長に向けた政策を所掌する中小企業庁では、近年、「経営力再構築伴走支援」の必要性、重要性が提唱されていますが、当該支援では「プロセス・コンサルテーション」の考え方が取り入れられています。このプロセス・コンサルテーションとは、実際に必要な支援策を判断する際、支援する側だけでなく支援を受ける側も参加して共同で調査し、必要な情報をすべて打ち明けてもらえるほどの信頼関係がベースになるとされています。また、当該支援は、支援者が答えを出すのではなく、支援を受ける側が自ら解決策を見出せるよう支援しなければならないとされており、中小機構のハンズオン支援は、このような考え方に基づいて実施しています。

(出所：中小機構ハンズオン支援パンフレットより引用)

≫ 04 | プロジェクトの取り組み

　活動にあたり、まずはプロジェクトメンバーの選定からはじめました。

　組合からは若手経営者が所属する青年部会の生産者3名と組合事務局から1名、販売協議会からは産地において中核的な立場となる事業者3社の代表者3名の計7名がメンバーとして選定され、さらに組合理事長と販売協議会会長がオブザーバーとして参画することとなりました。

　メンバーは、それぞれ素麺生産者として本業を担いながら時間をやりくりしての参加となりましたが、概ね1か月に1〜2回（2か月に3回程度）のペースでメンバーが一堂に会して活動を行うことで合意し、プロジェクトが始動しました。

　プロジェクト活動をはじめるに際しては、中小機構において現状を把握するため、支援を担当するアドバイザーと職員は、メンバーに対して組合・販売協議会のあり方に関する意見、ブランド強化のための取組アイデア、プロジェクトに対する考えなどを個別にヒアリングし、併せて各メンバーが営む生産現場を視察して、どのような工程、手法でもって素麺づくりが行われているかを知ること、そしてメンバーとのコミュニケーションを深めることに時間を割いて、産地が抱えている問題や素麺づくりの実態の理解に努めました。

（1）マーケティングにフォーカスを当てた第1期支援

　2020年9月から開始した第1期のハンズオン支援では、支援テーマを「地域産業としての『三輪素麺』を製販で守っていくための緩やかな成長に向けたマーケティング戦略の実行」として置き、ギフトと伝統に強い三輪素麺の強みを生かした販売強化策を議論しました。例えば、桜井市の補助金を活用したプロモーション動画の作成（素麺の発祥の地であること、大神神社などの「歴史と伝統」をPRし、伝統・由緒ある素麺の販売につなげようとした）や、大神神社で願掛けした栞の封入による他産地素麺との差別化、百貨店向けの年間販促企画（七夕素麺、紅葉素麺、鍋素麺など）による新しい活用シーンの開拓、ギフトを受け取った消費者にECを通じてリピーターになってもらうことなどを目指して検討を進めました。

　結果、生産を担う組合側のプロジェクトメンバーからは、議論の過程で「販売強化策もよいが、そもそも生産量が不足すること（廃業・事業承継の問題）や地域ブランドとしての品質を担保する仕組みがないこと（生産に関する質・量の問題）がより問題ではないか」といった意見が出てきたことなどを受けて、販売推進のためのマーケティングにフォーカスを当てた議論は、動画の作成や販路開拓に向けた方向性の目線合わせはできたものの、具体的な行動計画への落とし込みにまでは至りませんでした。

　支援開始の前段階において、活動テーマをまずは販売推進やブランディング強化・販売価格の向上に向けた検討から着手することでメンバーの合意は得られていたものの、議論が進むにつれて、生産を担う組合と販売を担う販売協議会の立場の違いから意見が分かれてしまう結果となりました。

（２）現状把握と課題整理に立ち返った第２期支援

　第1期の支援で出てきた議論を受けて、あらためてプロジェクトメンバーへのヒアリングを実施し、プロジェクトで検討すべきテーマやどのようなゴールを目指すのかを確認、整理したうえで、2021年11月から開始した第2期支援では、「『三輪素麺』のあるべき姿に向けた現状把握と課題整理を行う」ことをテーマとし、具体的な課題解決に向けた各論以前に、現状の把握と課題整理からはじめることとしました。

　業界全体としての将来的な需要の落込み、産地間競争の激化、後継者問題（生産量維持の問題）、三輪素麺のブランド強化（関西圏では知名度が高いが首都圏では弱い）などの産地が抱える現状把握と問題意識の共有から開始し、アドバイザーがこれまでの議論の経過から導いた「組合と販売協議会のあるべき姿（案）」をベースに検討を進めました。

　その過程では、メンバー内で大まかな方向性は合意が得られたものの、販売面の課題に話が及ぶと組合側のメンバーから「組合では担当者がおらずそもそも営業ができない」、「既存販売先とバッティングしてしまうのではないか」といった実現可能性を疑問視する声が示され、一方の販売協議会側のメンバーからは「組織内部の問題にばかり焦点が当たっているが、本来は顧客にどのような価値をどのようなルートで提供するか（ブランディング、マーケティングベースのあるべき姿）が先行すべきではないのか」との指摘がさ

れるなど、ここでも両者で意見が噛み合わない場面や、それぞれの立場に基づく見解を主張される場面が多く出てきました。

　そうした状況を受けて、より建設的な発言へと議論を促すためにアドバイザーの提案により、メンバーの意見の中にも含まれていた「顧客への提供価値」という点にフォーカスを当てて検討を進めていきました。この視点は、生産目線、販売目線のいずれにおいても重要な要素であるうえ、三輪素麺ならではという観点から他の産地と比較したときに「三輪素麺は、生産者ごとの製法に特徴・多様性があり、消費者が選べる楽しさ（食べ比べ、生産者ごとの個性の発見など）が大きな強みになり得るのではないか」というアドバイザーからの問いかけに対して、メンバー間で活発な議論が進み出しました。

　このように、第2期支援を進める過程で、メンバーの意識や考え方が組合、販売協議会のそれぞれの立場や視点に留まっていたところから、徐々に産地全体、三輪素麺としてのあるべき姿、現状とのギャップから課題を導く高いレベルの議論へと昇華していきました。

（3）あるべき姿に向けた計画と仕組みづくりを目指した第3期支援（最終）

　最終となる第3期支援は、「『三輪素麺』の10年後のあるべき姿を描き、それに向けた5年間の計画づくりと両組織が協力して取り組むための仕組みづくりを行う」というテーマを掲げて、2022年8月から2023年4月にかけて活動を行いました。

　検討においては、あるべき姿から将来目指していく方向性を意識しつつ、足元から実施していく行動計画（アクションプラン）、引き続き検討から実行までの活動を推進していく体制、仕組みについて、メンバーで議論しました。その項目と要旨は、以下のとおりです。

＜10年後のあるべき姿＞

　議論の過程では、個社が強くならなければならないといった考えや、組合、販売協議会の在り方に至るまで、多くの意見が出されて議論が白熱する場面もあったが、最終的には両者が一枚岩となって、切磋琢磨しながら産地として同じ方向を向いて継続して取り組んでいる姿に尽きるということで一致。

＜ブランドアイデンティティ＞

　三輪素麺のブランドアイデンティティとして、価値、独自性、共感性を含めたアイデア出しを行った結果、26にも及ぶ多くの案が示され、その中から三輪素麺の歴史や素麺生産者の多様性、素麺自体の特性を踏まえ、このプロジェクトでは、「アレンジは無限大　最古の麺で最高の食卓に」という案を選定。（これは、メンバーの奥様が考えられた案が結果的に採用された。）

＜後継者問題＞

　後継者問題は、構造的な問題でもあり簡単に解決できるものではないが、何もしないままでは変えられないため、まずは広く解決のためのアイデア出しを行った結果、例として新たに素麺づくりをはじめたい人が参入し易い様に生産者の工場団地を建設するという大きな構想のほか、産地に活気があって若い人が素麺づくりに参入したいと思えるような雰囲気を作っていく、魅せていく取り組みを続けていくこと、また新規参入者をサポートする仕組みが必要という意見が示され、他のテーマと絡めた重要検討事項として位置付け。

＜生産量の維持＞

　後継者問題とリンクした難しいテーマであり、新規参入はこの10年で2名のみ、廃業や脱退は年々増えているという中で、短期で生産者を増やす、廃業者を減らす流れに変えることは簡単ではないため、まず既存の生産者が生産量を少しずつでも増やす必要性を確認。併せて、組合や販売協議会がそのインセンティブをどう与えていくか、また、そのために生産工程を生産者間で分業、役割分担する方法や、うまく生産効率を高めている生産者の製造手法を学ぶ場を設けるなど、具体的な方策を継続して検討する。

＜個社が強くなる＞

　個社の儲けや販売の問題に関わることでもあり、メンバー間で熱を帯びた意見、議論が展開された。その中で、例えば、組合員と販売協議会会員の個別事業者間で直接取引（直買い）を認めることで市場原理を導入した方が個を強くしていくために有効ではないかという意見や、完全に市場原理を導入してしまうことで弱い生産者の衰退が加速してしまうことを懸念する意見も示されるなど意見が割れ、このプロジェクトの中でもこれが答えという明確な方向は見出せなかった。今後、市場原理の導入、生産者間の売買の自由化、

先々の市場を見た場合の需要・供給量への対応、生産者側の課題、売る側の課題など様々な視点から、今後の産地活性化のためには避けられない重要検討事項として位置付け。

＜強みをより強くする＞

　三輪素麺の特長、強みとして、材料や水、気候などの環境に基づく「品質」と細くてもコシのある麺を作ることができる「技術」にあることを確認し、特に三輪素麺はすべて手延べの製法であることをもっと消費者にアピールし、この強みを更に効果的に訴求していくことで一致。

　例として、工場見学など観光の要素と組み合わせることで、消費者に直に製造工程を見てもらうことも有効な方策として具体的に実施に向けて検討を進める。

＜市場開拓・マーケティング＞

　メンバー全員が「お客様ありき」という部分を大事にしているため、この感性を抜きにして産地の発展はないこと。また、市場にいる消費者に美味しく食べていただくことで認知度も高まり、そのための技術の追求や消費者への価値の提供を愚直に行っていくことを確認。その延長線上に、生産者の増加にも繋がる好循環が生まれる確度が高まることから、素麺づくり、三輪素麺への誇りの意識を持って市場へ訴求していく方向で一致。

　さらに具体的なマーケティング手法、アプローチ方法は、継続検討事項とした。

＜歴史の伝承・観光・まちづくり＞

　三輪素麺の歴史に付随する伝統、儀式という観点で観光資源等にスポットを当てて、周りにある歴史的なもの、伝統の価値、観光の要素を絡めて素麺業界の活性化に繋げられないかを議論し、あらためて三輪素麺の歴史的価値、ポテンシャルを確認。大神神社をはじめ、観光を絡めたコラボレーションやタイアップに向けて、関係者との協議を進める。

＜今後の継続した取り組みに向けて（総括）＞

　本プロジェクトで進めてきた議論を経て、まずは、生産側の立場（組合）、販売側の立場（販売協議会）の意見をすり合わせる素地ができたことから、まだ具体的な行動まで落とし込めていない部分を少しずつ明確化させていくことで、10年後、産地が活性化し、個社も強くなっていく姿を目指し、以上

の活動方針を大まかなロードマップとして決定した。また、そのためには今後も少しずつ仲間を増やしてこのウェーブを広げていくことが求められるため、本プロジェクトを継続する形で勉強会の実施、また組合と販売協議会の合同意見交換会を定期的に開催し、両者の他の構成員に向けて提案や説明をしていくことで、産地全体の議論へと昇華させていく方向で合意。

この先には難しい議論や意見がぶつかり合う場面が伴うかもしれないが、ベースとして産地の関係者が楽しく、わいわい話ができる環境づくりを意識し、相互に理解しあう姿勢を忘れずに臨んでいくことを確認し合い、以上を本プロジェクトの総括とした。

≫ 05 | 今後の取り組みへの期待

本プロジェクトの最終報告会には、組合理事長及び前理事長、販売協議会会長のほか、地元関係機関の奈良県、公益財団法人奈良県地域産業振興センター（奈良県よろず支援拠点）、桜井市、南都銀行から幹部が参加し、プロジェクトメンバーから参加者に向けて、検討してきた過程、結果を報告しました。

本プロジェクトの初回キックオフミーティングにも参加した地元関係機関の方々からは、最終報告会におけるメンバーの一体感が伴った和気藹々とした雰囲気を受けて、当初の堅く緊張感が張りつめてとりあえず集まったという雰囲気からの劇的な変化に驚かれていたことが印象的でした。

2022年の年末には、コロナウイルス感染が治まっていたこともあり、プロジェクトの検討終了後にメンバーと組合理事長、販売協議会会長、中小機構のアドバイザー・職員で忘年会を兼ねた懇親の場を持つことができ、それもまたプロジェクトの議論や一体感がさらに深まる機会になったと思います。

今回のプロジェクトは、課題解決という点では目に見える成果はまだ導けておらず、取り組みの端緒、途上にあることは否めませんが、地域の生産者が主体性をもって産地を活性化させていくため共通の意識を持ち、それを実行していくコアメンバーを中心に継続して取り組みを進めていく素地、基盤を築くことができたことが成果だと考えています。

プロジェクトの議論の中で、メンバー同士で意見がぶつかり、緊張感が伴う場面もありましたが、それも含めて産地のために何ができるかを真剣に議

論し合った過程、そして築かれた人間関係によって、この先の取り組みで難局にぶつかったとしても乗り越えていけるものと確信しています。

　最後に、支援にあたって、忙しい中で長期間の活動に参画いただいたメンバーの皆様をはじめ、ご協力いただいた三輪素麺産地関係者の皆様、奈良県内関係機関の皆様、熱意をもってプロジェクトを盛り立てながら支援にあたられたアドバイザーの皆様に、この場を借りてお礼申し上げます。

　伝統ある三輪素麺の素晴らしさが今後も消費者に広く支持されて、三輪素麺産地、生産者の皆様の益々の発展につながることを心から祈念して、本レポートの結びとします。

まちを一つにする食の一大プロジェクト

―プリンのまち三原を全国に
広島みはらプリンでまちおこし―

星野　佑介
三原商工会議所
事務局次長兼商工振興課長

要　旨

　広島県のほぼ中央に位置する三原市。瀬戸内海に面し温暖な気候が特徴で、海・山・里の幸が豊富にあるまちです。これまでは重厚長大産業によって経済成長を遂げてきましたが、一時は10万人を上回っていた人口も、現在は約8.8万人（令和5年9月末時点）となっています。

　この状況に歯止めをかけるため、これまで「観光」分野にも注力してきましたが、祭りやイベントなどで瞬間的な賑わい（集客）は得られるものの、持続的な来街には結び付いていませんでした。

　本件は、西日本豪雨災害や新型コロナウイルス感染症などの外的要因にまちが大きな打撃を受けたものの、まちや産業が疲弊していってはいけないと、これまで経済界・行政・他団体が個別に行っていた「食」の取り組みを一本化し、まち全体で一大ムーブメントを起こそうと、令和3年から官民連携で取り組んでいるまちおこしストーリーです。

　まちが一つになるコンテンツに「プリン」を掲げ、全国初のデザートとデリカの2つのカテゴリーで全国に発信していく現在進行形のプロジェクトをまとめました。

≫ 01 | 三原のまちについて

　広島県三原市は、広島県の中央東部に位置したまちで、中国四国地方においてもほぼ中心にあります。平成17年に三原市・本郷町・久井町・大和町が合併し南部には瀬戸内海があり、北部には中山間部が広がる広域都市となり、そのおかげで多様な特産品が収穫できるまちとなりました。

　また、交通の要衝としても栄え、広島空港をはじめ山陽新幹線及びJR山陽本線、山陽自動車道、離島をつなぐ航路便など陸海空全ての交通インフラが集積しています。

≫ 02 | 出身と担当業務について

　私は奈良県奈良市出身で、三原市とは縁もゆかりもない地で27年間暮らしてきました。転機となったのは、平成26年に妻の地元である三原市へIターン移住したことです。私自身、奈良県以外で暮らすのは人生初のことで、当然ながら土地勘も交友関係も全くのゼロのため、当時は期待と不安が入り混じったスタートだったのを今でも思い出します。

　入所して10年目の現在、三原商工会議所で担当している業務は、主には地域振興に関わる業務全般や新規事業の創出などを担っており、イベントや祭りをはじめ、今回の事例である「広島みはらプリンプロジェクト（以下、「みはらプリン」という）」を立ち上げから担当しています。

≫ 03 | 広島みはらプリンプロジェクトとは

　みはらプリンは、三原を応援する人（店）によって、豊富にある三原の食材を一つ以上使用して作られたプリンのことです（認定制）。ご当地グルメのプロジェクトは全国で展開されていますが、みはらプリンの大きな特徴の1つは「三原市以外の人（店）」でも認定を受けられる点です。例えば、三原市出身の方で現在東京で飲食店をされている方などが、東京でみはらプリ

広島みはらプリンロゴマーク

ンを提供していただけることは、三原のまちにとって大きなメリットになります。このようにエリアを限定せずに三原の食材を広く知ってもらい使用してもらえるのであれば、提供いただく場所やその人の出身地などは問わないスタイルです。

また、特徴の2つ目として、全国で初のお惣菜となる「デリカプリン」のカテゴリーを創設したことです。プリンの語源は諸説ありますが「プ

日本初のデリカプリンでまちおこし

ディング」から来ているとされ、このプディングは西洋諸国ではもともと"蒸し焼きした惣菜系の料理"のことを呼んでいたようです。日本では専らデザートのことを指していますが、三原はタコをはじめとした魚介類や畜肉、野菜なども豊富に収穫できるため、このデリカプリンを基軸にデザートとの2つのカテゴリーのプリンで、三原のまちや食を全国に発信していくことにしたのです。

≫04 | 「ナゼ三原でプリンなの」と言われ続けた日々

この取り組みの発起となったのは、三原商工会議所の森光孝雅会頭（㈱八天堂 代表取締役）で、コロナ禍で地域経済が低迷する中、地域内消費を底上げしていくことと、観光誘客を図っていくには「食」の取り組みの磨き上げが必要不可欠なこと、三原のまちや人・団体が一つにまとまって活動を展開していくことが重要であるとの思いから、「プリンでまちおこし」という大方針を掲げられ、私が主担当として取り組むこととなりました。

早速、みはらプリンの取り組みを企画書にまとめ、三原市や三原観光協会、飲食組合や商店街組織などに活動の理解を得るため丁寧に説明をしながら回りました。

その中で、ほぼ全ての方から「ナゼ三原でプリンなの？」という率直な疑問が投げかけられました。誰もが感じるこの疑問。私が逆の立場であっても

必ず質問していたと思います。

　プリンと定めたのはあくまで結果論でした。三原で豊富に収穫できるさまざまな食材、三原の飲食店や菓子製造の企業といった多業種の事業所などが、一つにまとまれる食のコンテンツを模索していた際、

①地方都市がニュースを作るためには日本で「初」となる取り組みをすること

②多様な食材を取捨選択することなく使用できること

③規模やジャンルを問わずさまざまな事業所が参画できること

④多くの方が好む食のコンテンツであること

という点を長い時間をかけて検討する中で、プリンというコンテンツが腑に落ちたのです。

　まちが一つになる旗印としてのプリン。これを熱量持って伝えていくと「そこまで言うならやってみよう」「一緒になって協力する」と、徐々にみはらプリンの活動に賛同してくださる団体が増えていきました。

　そして、みはらプリンの定義や実行委員会組織の組成に向けた準備などを進め、令和3年10月に「広島みはらプリンプロジェクト実行委員会（以下、「実行委員会」という）」を組織しました（会長：森光会頭）。実行委員会にはもちろん、一件一件説明をした三原市をはじめとする関係8団体に参画をいただいて船出を切りました。

≫ 05｜スタートダッシュが肝心〜めざせ初回認定数20件〜 ≫

　みはらプリンは認定制度を設けたため、初回の認定数をいかに増やすかが肝でした。ここでつまずいてしまうと波に乗れないと感じていたのです。そこで役に立ったのが商工会議所職員として10年間市内事業所と関わり続けたことで得られた人脈でした。

　実際にプリンを開発していただくことになる市内事業所に足を運び、企画説明から三原の食材を使用したみはらプリンの開発を依頼していきました。和・洋菓子店から飲食店に至るまで、企画書を手にプリンの開発依頼をして回る日々が始まりました。やはり聞こえてくるのは「ナゼ三原でプリンなの？」。こちらも一店舗ずつ丁寧に話をしながら開発の賛同を得ていきました。

また、嬉しいことに、事業所から事業所へ話を展開していただけるケースもあり、結果として初回認定に市内18店舗から25品（デザート20品、デリカ5品）のプリンがエントリーされ、目標としていた初回認定数20件を上回ることが出来ました。

》06| いよいよお披露目!みはらプリンを世に発表

令和4年2月15日に、エントリーのあった25品のプリンを実行委員会で試食審査し、全てのプリンをみはらプリンへ認定することを決定。令和4年2月18日に第1回認定式を挙行しました。式典では、みはらプリンを開発いただいた事業所の方に森光会長から認定状を授与し、ついにみはらプリンが世にお披露目となりました。県内各種メディアも多数お越しいただき、テレビニュースや新聞紙面にも掲載いただくことができました。

認定式を行った時期は、新型コロナウイルスの感染者数の推移も依然として厳しい状況が続いており、各種会議や催しもオンラインでの実施や中止または延期といった対応を取るケースも多く、授与式をこの時期にリアル形式で開催するかについて実行委員会内部でも議論がありましたが、結果としてリアル開催としたおかげで多くのメディアの方に取り上げていただき、いよいよ三原市が官民連携で行うまちおこし事業が本格的にスタートしたのです。

》07| 期待の声と改善活動の連続

認定式の翌日からニュースをご覧になられた方々が、みはらプリンを求めて市内の参加店舗や式典会場となった道の駅に足を運ばれ、実行委員会も事業所も嬉しい悲鳴が続きました。その後も各地から反響がありメディア取材対応を始め、県内他市からの問い合わせ対応に奔走しながら、新規の認定取得希望の事業所対応や、認定店舗から上がってくる問い合わせや改善提案の数々を一つずつクリアしていく日々が続きました。

改善提案で多かったのが、「認定プリンを紹介したり店舗MAPを付け加えるなどのHPの内容の充実」や「複数商品をまとめて購入できる場所の用意」といったものでした。

実行委員会の中でHPのブラッシュアップを行いながら、使用されている三原食材を紹介するページを新たに導入するなど、6次産業の流れを感じられるように工夫しました。また、複数商品が購入できる場所の希望は一般消費者の方からも多く挙がってきており、よりみはらプリンの認知を高めていくには早急に動かねばならない課題だと認識しました。

年2回発行するガイドブック
「おでかけプリン」

08 | みはらプリンをより知っていただくために

プロモーションを展開していくには「みはらプリンを実際に食べていただくこと」が一番の近道であるため、先述の複数商品購入可能場所の調整に加え、各種催事に出店していくこととしました。ありがたいことにテレビや新聞等でみはらプリンを知っていただいた方々から「うちで出店しませんか」という問い合わせを多くいただき、実行委員会が認定プリンを委託販売する形で複数商品を抱え市内外の催事会場を巡っていきました。

私も売り子として立ち「みはらプリンとは」の説明から「認定プリンの特徴」、「三原市のPR」をしながら来場者に対してみはらプリンを販売していきました。来場者の中にはみはらプリンを知っていただいている方もおられ、徐々に認知が進んでいっている手応えを感じていきました。令和4年度の催事出店実績として、74日間27カ所で出店させていただき、税込販売額は約6,454千円にのぼりました。(三原市内8カ所、広島県内16カ所、岡山1カ所、東京2カ所)。

そして、複数商品を購入できる場所として、道の駅と広島空港近隣に開設されている空の駅での販売調整はスムーズに出来ましたが、より利便性の高い中心市街地エリアでも販売場所を設置できるように検討を進めていきました。その中で候補に挙がってきたのが「JR三原駅構内」でした。

JR三原駅の改札内にはみはらプリンの幟旗やポスター、横断幕などの設置協力を既にいただいており、なおのこと「どこでみはらプリンは買えるの?」と自然と思われます。改札を出るとすぐにみはらプリンの販売ブースがある

ことが消費者の購買意欲をキャッチできる最適な場所だろうと考え、JRとの調整や参加店への周知、冷蔵ショーケースや販売ブースの準備、販売精算対応のスキーム作りなどを行い、令和4年8月から販売を開始することが出来ました。当初は週末限定の営業でしたが、令和5年1月から

JR三原駅構内の販売ブース

は手土産需要などをキャッチするため毎日販売に切り替え、令和4年度（令和4年8月〜令和5年3月）の実績として営業日数156日間、税込販売額約6,412千円という結果を残すことが出来ました。

09 | アワードの受賞で客観的評価を得ることに

　認定数も着実に増え始め、令和4年2月の初回認定から半年が経過した8月中旬には30店舗が参加し50商品と2倍に達しました。

　感触として着実に認知は進んでいると感じていましたが、みはらプリンという官民連携のまちおこしの取り組みが客観的にどれだけ評価されるものなのかを測るため、アワードへの応募をしていくこととしました。

　令和4年度中に3件のアワードにエントリーし、その結果として全てで賞を受賞することが出来ました。

【令和4年度受賞アワード】

①農林水産省　ディスカバー農山漁村（むら）の宝

→概要：農山漁村の有するポテンシャルを引き出すことにより地域の活性化や所得向上に取り組んでいる優良な事例を選定。（農林水産省HPから抜粋）

　結果：中国四国農政局「ディスカバー農山漁村の宝」受賞

アワード受賞①　中国四国農政局
「ディスカバー農山漁村の宝」

②ふるさと自慢コンテスト2022

→概要：1分間のまちの自慢動画を投稿し、食や観光地の魅力を表現しその面白さで審査。

　結果：ふるさとへの想い賞（準大賞）・あわえ賞のダブル受賞

③日本商工会議所　事業活動表彰

→概要：全国515商工会議所から応募のあった各地の取り組みの中で、他の商工会議所の範となる運営・事業活動を実施した事業を表彰。

　結果：受賞7商工会議所に選定

　この結果から、みはらプリンの取り組みが事例となれることが分かり、自身の肌感覚のみであった手応えから、客観的にも評価に値する取り組みであることが分かりました。

アワード受賞②
ふるさと自慢コンテスト2022

アワード受賞③
日本商工会議所　事業活動表彰

≫ 10│ 三原をプリンのまちに～ご当地プディングフェスティバル開催～ ≫

　令和4年度は認定数の拡大をはじめ催事出店やJR三原駅での販売ブース設置、アワードへの応募などに取り組み、主には三原市内や広島県内への認知拡大を目標に進めていきました。それを受けて、令和5年度の事業計画をどう立案していくか検討する中で、「三原市がプリンのまちというイメージを持ってもらえるよう、実行委員会初の主催イベント（ご当地プディングフェスティバル）を実施しよう」という案が持ち上がりました。各地で地元食材を使用したプリンを製造されている事業所を集め、食材にこだわったプリンを販売するイベントを実施することで、三原市のブランディングを加速させる狙いです。

　早速、事業所のリストアップから開催時期、運営委託先などの調整などを進め

ご当地プディングフェスティバルの模様

ていきました。開催日は、毎年数万人の観客動員のある三原の夏の風物詩「三原やっさ祭り」が行われる8月11日・12日の2日間とし、やっさ祭りが開催されるJR三原駅前の集客の相乗効果を得るべく、イベント会場をJR三原駅構内で出来るよう三原市やJRとも調整を行いました。開催時期について「真夏にプリンは売れるのか」といった心配の声も出たり、「出店者は集まるのか」といった懸念も聞こえてきました。特にみはらプリンはこれまで委託販売しかしてこなかったため、認定店舗が自ら販売する形式は今回が初めてでした。

　しかし、実際に消費者に直接自店舗のプリンをPRし販売することは、ダイレクトに消費者からの評価をキャッチできるため、必要な要素であると確信していました。会場であるJR三原駅構内で出店可能ブースは9〜10店舗。みはらプリン以外に他市からも出店者を集めることに非常に苦慮しましたが、みはらプリンから6店舗、広島県内2店舗、県外（鳥取県）1店舗の計9店舗に出店いただくことが出来、当日はやっさ祭りの観客も大変多かったため全ブースにてほぼ完売という結果で2日間を終了することが出来ました。令和6年度には出店者を全国から募集し"全国"ご当地プディングフェスティバルとして開催することとしています。

》11 | みはらプリンの今後

　みはらプリンは行政の予算に頼り切らない運営を心がけています。お金の切れ目が事業の切れ目となっていった取り組みをこれまでに見てきているからです。しかし、全く頼らない訳ではなく、効果的な補助金などについては積極的に活用していくつもりです。

　現在の課題として、みはらプリンの取り組みでいかに収益を上げ、その収益を原資にまた次の事業を回していくことが出来るかがポイントです。まちおこし＝収益化が難しいという概念を、このみはらプリンの活動で払拭していきたいと思っています。言うのは簡単ですが実現していくためには多くのハードルがあることも身をもって理解しています。

　ここでも官民と参加店がより「三原のまちが発展していくため」に手を組み協力していくことが出来るかにかかっていると感じています。つまり関係者のベクトルを合わせていくことが出来れば、収益化の道は必ず開けていく

と確信をしています。

　また、現在首都圏でのみはらプリンの販売計画を進めています。短期間の催事出店実績はありますが、中長期的期間でなるべくコストをかけずにみはらプリンを手に取っていただける環境整備が、より三原市のプロモーションに繋がるからです。

　方策の一つとして、首都圏の企業とタイアップして冷凍ストッカーを事業所に設置させていただき、三原から冷凍対応可能なプリンを発送。冷凍ストッカーで格納しておき販売スタッフが中長期で首都圏に滞在。冷蔵車をレンタルしてストッカーからプリンを冷蔵車に移して移動販売する計画です。遠方での販売の課題であったのが、①プリンのストック先の確保、②冷凍プリンの開発の2点でした。冷凍のみはらプリンは既に10種類程度開発が済んでおり、ストック先をご提供いただける企業とタイアップすることで首都圏での販売が可能になります。人口の多い首都圏でのPRを定期的に行うことで、三原市の認知向上と観光としての来三誘導につなげていきたいと考えています。

≫ 12 | 最後に

　現在みはらプリンは40店舗89品（デザート71品、デリカ18品）が認定（令和5年9月末時点）されるまでになっていますが、みはらプリンの取り組みには

①三原のまちが一つになる（人、食材、関係団体など）
②三原市民の郷土愛を高めていく（わがまちに誇りを持てるように）
③三原の特産品、まちのポテンシャルを全国に発信していく

これらの思いがベースとなっています。このビジョンを関係団体で理解共有し合い、より一層まちや事業所に実益として活性化がもたらせるよう、これからも息の長い取り組みを続けていきます。

　わがまちは誰かが良くしてくれるものではありません。そのまちに住む市民一人ひとりが出来ることを重ねていき、その積み

教育機関と連携し
みはらプリンのアイデア・レシピ考案

重ねの先に活性化はあるのだと感じています。

　私は地域総合経済団体である商工会議所の職員として、誰よりもまちの活性化を願い行動する責務があります。自身の熱量でみはらプリンのスタートダッシュを切ったように、まちを良くしていくという強い思いを持ち続けそれを伝播し、賛同協力いただけるチームを作っていくことが重要です。個人個人の力は決して大きくないかもしれませんが、一人一人そして一団体一団体と同じ方向を向いて協力をしていただける仲間を増やしていけば、得られる結果の大きさは計り知れません。

　これからもみはらプリンによって三原市を全国に発信できる官民連携モデルとなれるよう、関係者の方々と手を組み、まちに賑わいを創出できるよう取り組んでいく決意です。

官民連携の旗印
岡田三原市長（左）、森光商工会議所会頭

第27回中小企業活性化懸賞レポート審査委員

審査委員長	明治大学専任教授	森下　　正
審　査　委　員	山形大学准教授	吉原　元子
審　査　委　員	中小企業基盤整備機構 高度化事業部長	山添　　望
審　査　委　員	日本商工会議所 中小企業振興部長	山内　清行
審　査　委　員	全国中小企業団体中央会 振興部長	難波　智雄
審　査　委　員	商工組合中央金庫 常務執行役員	山口　智之
審　査　委　員	商工組合中央金庫 ビジネス企画部長	田岡　靖之
審　査　委　員	商工総合研究所 専務理事	青木　　剛
審　査　委　員	商工総合研究所 常務理事	浅黄　久隆

第27回 [2023年度]
中小企業活性化懸賞レポート受賞作品集

2024年3月25日　初版発行

定価：770円（本体700円＋税10％）

編集・発行　一般財団法人　商工総合研究所

〒103-0025

東京都中央区日本橋茅場町2-8-4 全国中小企業会館3階

TEL 03-6810-9361㈹

FAX 03-5644-1867

URL https://www.shokosoken.or.jp

発　売　所　官報販売所

印　刷　所　株式会社宮崎南印刷

ISBN 978-4-901731-45-4
C2034 ￥700E

好 評 発 売 中!